John Coleman

DIE FREIMAUREREI VON A BIS Z

OMNIAVERITAS®

John Coleman

John Coleman ist ein britischer Autor und ehemaliges Mitglied des Secret Intelligence Service. Coleman hat verschiedene Analysen über den Club of Rome, die Giorgio Cini Foundation, das Forbes Global 2000, das Interreligious Peace Colloquium, das Tavistock Institute, den schwarzen Adel sowie andere Organisationen, die der Thematik der Neuen Weltordnung nahe stehen, erstellt.

Die Freimaurerei von A bis Z

Freemasonry von A bis Z

Aus dem Englischen übersetzt und herausgegeben von Omnia Veritas Limited

© Omnia Veritas Ltd - 2022

OMNIA VERITAS.

www.omnia-veritas.com

Die Freimaurerei wird oft als "Geheimgesellschaft" beschrieben, aber die Freimaurer selbst halten es für korrekter, sie als esoterische Gesellschaft zu bezeichnen, da einige Aspekte privat sind. Die gängigste Formulierung ist, dass die Freimaurerei im 21. Jahrhundert weniger eine Geheimgesellschaft und mehr eine "Geheimgesellschaft" geworden ist. Zu den privaten Aspekten der modernen Freimaurerei gehören die Art der Anerkennung zwischen den Mitgliedern und besondere Elemente des Rituals. Beispielsweise können Freimaurer Neuankömmlinge, die sie treffen, fragen: "Sind Sie auf dem Platz? ".

In einer offenen Gesellschaft wie den USA kann man sich fragen, warum die Geheimhaltung notwendig ist. Die Freimaurerei zu beschreiben ist eine schwierige Aufgabe. Zu sagen, dass sie die größte Bruderorganisation der Welt ist, mit über drei Millionen Mitgliedern in den USA, siebenhunderttausend in Großbritannien und einer weiteren Million weltweit, und dass über sie fünfzigtausend Bücher und Broschüren verfasst wurden, ist nur der Anfang.

Seit ihrer offiziellen Gründung im Jahr 1717 hat die Freimaurerei mehr Hass und Feindschaft hervorgerufen als jede andere säkulare Organisation auf der Welt. Sie war ständigen Angriffen der katholischen Kirche ausgesetzt, Männern der Mormonenkirche, der Heilsarmee und der Methodistenkirche wurde die Mitgliedschaft in der Freimaurerei verboten. Sie ist in einer Reihe von Ländern verboten.

Antifreimaurerische Behauptungen stoßen immer auf Schwierigkeiten, da sich die Freimaurerei weigert, auf die Angriffe zu reagieren. Erstaunlich ist die sehr große Zahl früherer und gegenwärtiger Weltherrscher, die Mitglieder der Freimaurerei waren und sind: König Georg VI. von England, Friedrich der Große von Preußen und König Haakon VII. von Norwegen. Die Geschichte der Vereinigten Staaten ist voll von Führungspersönlichkeiten, die Freimaurer waren, wie George Washington, Andrew Jackson, James Polk, Theodore Roosevelt, Franklin D. Roosevelt, Harry Truman, Gerald Ford und Ronald Reagan.

Der Zweite Weltkrieg wurde von britischen Freimaurerführern wie Winston Churchill und dem amerikanischen Präsidenten Franklin D.

Roosevelt sowie von amerikanischen Armeeführern wie den Generälen Omar Bradley, Mark Clark und George Marshall angeführt. Es ist praktisch unmöglich zu wissen, wo man mit der Erzählung über den freimaurerischen Einfluss auf alle Aspekte des Lebens in den letzten 290 Jahren beginnen oder enden soll. Dieses Buch ist ein Versuch, das zusammenzutragen, was es relativ einfach macht, zu erklären, "was die Freimaurerei ist".

KAPITEL 1

WAS IST DIE FREIMAUREREI?

Die Erforschung der Freimaurerei ist unerschöpflich, und es wurden viele gelehrte Bücher und Artikel zu diesem Thema geschrieben und vorgelegt; daher habe ich nicht die Absicht, mich auf die Straßen und Seitenwege der Freimaurerei zu begeben und mich in einem Labyrinth aus Ritualen und Symbolen zu verirren, da diese Themen ohnehin größtenteils von den Befürwortern und Gegnern der Freimaurerei abgedeckt wurden.

Der Zweck dieser Arbeit ist es, Ihnen einen breiteren Überblick darüber zu geben, was die Freimaurerei ist, wofür sie steht, welche Ziele und Zwecke sie verfolgt und inwieweit sie bei der Erreichung ihrer erklärten Ziele Fortschritte gemacht hat. Aus diesem Grund werde ich zuerst die spekulative Freimaurerei behandeln, den Teil der Freimaurerei, der sich mit den geistigen Fragen von Leben und Tod und dem menschlichen Geist befasst, und dann die Personen, die sie kontrollieren, mit einer kurzen Erklärung der operativen Freimaurerei.

Für Einzelheiten über Rituale und Zeremonien habe ich Standardwerke über die Freimaurerei wie die *Royal Masonic Encyclopedia*, oder wie sie manchmal genannt wird, die *Cyclopedia, herangezogen.* Für eine Rezension der Stellen, an denen die größten Verteidiger der

Freimaurerei ihre Ideen dargelegt haben, darunter Albert Pike und Dr. Mackey, sowie aus Büchern und Zeitschriften, die von erbitterten Feinden der Freimaurerei geschrieben wurden; Männer wie Abbé Barruel, Professor John Robinson, Eckert, Copin-Albancelli und Arthur Preuss, um nur einige gelehrte Männer zu nennen, die von den Freimaurern als "unsere unerbittlichen Feinde" bezeichnet werden. (Seltsam, dass die Jesuiten genau denselben Ausdruck verwenden).

Die Ursprünge der Freimaurerei werden seit über 150 Jahren diskutiert. Laut Pike:

> " ... Die Ursprünge der Freimaurerei sind nur den Freimaurern bekannt."

Pike lässt sich dazu hinreißen, sein Wunschdenken für Realität zu halten. Seine Behauptung soll Unvorsichtige täuschen und ist ziemlich typisch für die von der Freimaurerei praktizierte Täuschung. Es ist ein bisschen so, als würde man einem Zauberer in die Hände fallen, ohne zu wissen, wie er seine Illusionen verwirklicht.

Der Ursprung der Freimaurerei ist jedoch sehr gut bekannt; er ist weder ein Geheimnis noch ein Mysterium. Es ist aber auch sicher wahr, dass die Mehrheit der Freimaurer, die nie über den vierten Grad hinausgehen, den Ursprung der Gesellschaft, deren Diktat sie so sklavisch befolgen, nicht kennt.

Dr. Mackey, der als Freimaurer und offizieller Sprecher der Freimaurerei anerkannt ist, gibt dies bereitwillig zu. Sein Hauptverfechter, J. F. Gould, bestätigt, dass es unter den Freimaurern selbst zahlreiche Meinungsverschiedenheiten über seinen Ursprung gibt. Dies ist in seinem Werk *The*

History of Freemasonry (Die Geschichte der Freimaurerei) nachzulesen. Zeitgenössische Forschungen zeigen, dass ihr Ursprung im babylonischen und ägyptischen Mystizismus liegt, der mit schwarzer Magie in Verbindung gebracht wird.

Es handelt sich um einen religiösen Kult, der der Anbetung Luzifers gewidmet ist. Sie ist antichristlich und revolutionär, auch wenn ihr Meister Luzifer das Symbol der Rebellion gegen Gott ist, eine Rebellion, die seit Tausenden von Jahren andauert.

Die Welt verdankt ihr Wissen über die Freimaurerei Professor John Robinson, einem ihrer berühmtesten Mitglieder, das aus ihren Reihen übergelaufen ist, und damit einem Mann, den die Freimaurer nicht als Lügner oder Ignoranten bezeichnen können. Professor Robinson lehrte an der Royal Society in Edinburgh, Schottland. Sein Fach: die menschliche Philosophie. Robinson war tief in Geheimgesellschaften verstrickt, die wichtigste davon war die bayerische Sekte der Illuminaten von Adam Weishaupt.

Robinson war ein Freimaurer des 33. Grades, d. h. er hatte die Spitze des Ordens der Freimaurer des schottischen Ritus erreicht.

Im Jahr 1796 veröffentlichte Robinson einen Artikel, in dem er die Ziele der Illuminaten darlegte und damit bewies, dass die Illuminaten der Freimaurerei sehr nahe standen. Tatsächlich war die Freimaurerei das Vehikel, das zur Verbreitung der revolutionären Doktrinen der Illuminaten, beginnend in Frankreich, genutzt wurde.

Robinson hat unwiderlegbar bewiesen, dass es das Ziel der

Illuminaten und der Freimaurerei ist, alle Religionen und Regierungen zu zerstören und das Christentum vom Antlitz der Erde zu tilgen, um es durch den Luzifer-Kult zu ersetzen.

Die von den Freimaurern versprochene neue Weltordnung ist eine despotische und luziferische Weltordnung innerhalb einer einzigen Weltregierung. Ein vollständiger Satz von Plänen für die bevorstehende Revolution fiel der bayerischen Regierung in die Hände, die zutiefst alarmiert war, so sehr, dass sie Kopien an alle Regierungen und Staatsoberhäupter in Europa schickte, aber ihre Warnbotschaft wurde völlig ignoriert.

Weishaupts Dokumente enthielten alle Einzelheiten der bevorstehenden Französischen Revolution. Ein Devotee des Freimaurerordens, der Earl of Shelburne, unterrichtete und trainierte Danton und Marat (die radikalen Führer der Französischen Revolution) und leitete jede Phase der "Französischen" Revolution von England aus.

KAPITEL 2

DIE URSPRÜNGE DER FREIMAUREREI

Der babylonische Gnostizismus ist die Mutter der Freimaurerei, weshalb der Buchstabe "G" in der Mitte des fünfzackigen Sterns der Freimaurerei steht.

Trotz der wütenden Leugnungen der Verteidiger der Freimaurerei sagte eine nicht minder wichtige Autorität über die Freimaurerei aus ihrem höchsten Orden, Eliphas Levy, dass das berühmte "G" für Gnostizismus steht. In seinem Werk *Dogma und Ritual der Hohen Magie*, Band II, Seite 97, sagt Levy:

> Das "G", das die Freimaurer in der Mitte des flammenden Sterns platzieren, steht für Gnostizismus und Generation, die heiligsten Worte der alten Kabbala.

Laut der *Encyclopedia of Religions* ist die Kabbala ein alter jüdischer Mystizismus und Bruder Edersham eine Autorität über die Kabbala. Wie bereits erwähnt, möchte ich nicht ins Detail gehen, aber es ist notwendig, ganz kurz festzustellen, was die Kabbala ist.

Zu diesem Zweck zitiere ich autoritativ Bruder Edersham:

> Es ist unbestreitbar, dass es bereits zur Zeit Jesu Christi

eine Reihe von Lehren und Spekulationen gab, die vor der breiten Masse sorgfältig verborgen wurden. Sie wurden nicht einmal den gewöhnlichen Gelehrten offenbart (wie im Fall der höheren Lehren und der gewöhnlichen Freimaurer), aus Angst, sie zu ketzerischen Ideen zu verleiten.

Diese Gattung trug den Namen Kabbala; wie der Begriff schon sagt (d. h. empfangen und weitergeben), stellte sie die spirituellen Übergänge dar, die aus den ersten Zeitaltern überliefert wurden, obwohl sie im Laufe der Zeit mit unreinen oder fremden Elementen vermischt wurden.

Es handelt sich um dieselbe Tradition der Alten, die Jesus Christus in sehr starken Worten völlig verurteilte, wie sie in den vier Evangelien, dem Protokoll seiner Worte während seines irdischen Wirkens, festgehalten sind.

Aus dem oben Gesagten geht eindeutig hervor, dass die Freimaurerei aus einer Religion stammt, die dem Dienst Christi völlig entgegengesetzt ist. Daraus folgt, dass die Freimaurerei trotz ihrer vehementen Leugnung in ihrer Lehre und in ihrem Geist antichristlich ist. Andere, die, wie oben erwähnt, unerbittlich gegen die Freimaurerei sind, gehen noch weiter. Eine Autoritätsfigur in Sachen Freimaurerei, Copin-Albancelli, hat gesagt:

> Die Freimaurerei ist die Gegenkirche, der Gegenkatholizismus, die Kirche der Ketzerei.

Er zitiert mehrere bemerkenswerte freimaurerische Quellen, um seine Behauptung zu untermauern, wie Copin-Albancelli, *Bulletin du Grand Orient de France,* September 1885, der erklärt:

Wir Freimaurer müssen die vollständige Zerstörung der katholischen Kirchen fortsetzen.

Ich hatte das Privileg, im British Museum in London nach Dokumenten über die Freimaurerei suchen zu dürfen, um zu sehen, ob diese Aussage und andere, die darauf folgen, zurückgezogen oder widerrufen wurden. Doch in einem Zeitraum von fünf Jahren intensiver Suche konnte ich keine freimaurerische Veröffentlichung entdecken, die einen Widerruf seiner zerstörerischen Absichten gegenüber der katholischen Kirche enthielt.

Ein weiteres von Copin-Albancelli angeführtes Beispiel ist das Memorandum des Obersten Rats des Großen Ostens (europäische Freimaurerei), in dem es heißt:

> Der Kampf, den sich der Katholizismus und die Freimaurerei liefern, ist ein Krieg auf Leben und Tod ohne Waffenstillstand und ohne Viertel.

Diese Aussage wurde nie widerrufen.

Copin-Albancelli fährt mit weiteren Beispielen fort und nennt als Quelle die Rede, die Bruder Delpek 1902 bei einem Bankett zur Sommersonnenwende hielt und in der er unter anderem sagte:

> Die Triumphe des Galiläers dauerten zwanzig Jahrhunderte. Möge die katholische Kirche ihrerseits sterben... Die römisch-katholische Kirche, die auf dem Galiläer-Mythos (ein Hinweis auf Jesus Christus) basiert, hat seit der Gründung des Freimaurerbundes begonnen, sich rasch zu zersetzen? Aus politischer Sicht haben die Freimaurer oft variiert. Doch zu allen Zeiten stand die Freimaurerei fest zu diesem Grundsatz: Krieg gegen jeden Aberglauben, Krieg gegen jeden Fanatismus!

Die vorstehenden Informationen, deren Authentizität unbestreitbar ist, machen die Freimaurer und die Freimaurerei zu Antichristen und Antichristen, die ihre Lehren auf die verächtlichste Weise als galiläischen Mythos und Aberglauben abtun. Ihr aufgestauter Hass und ihr Gift richten sich hauptsächlich gegen die katholische Kirche, aber einige sagen, dass Katholiken keine Christen sind. Glauben Sie mir, wenn das wahr wäre, würde die Freimaurerei nicht 99 % ihrer Zeit und Energie darauf verwenden, zu versuchen, die katholische Kirche zu zerstören. Warum sollte die Freimaurerei so viel wertvolle Zeit und Energie verschwenden? Lassen Sie uns in diesen Fragen vor allem logisch vorgehen.

Das oben Gesagte sollte keinen Zweifel an der Position der Hierarchie der Freimaurerei lassen. Es stellt auch klar, dass die Freimaurerei trotz ihrer häufigen gegenteiligen Beteuerungen politisch involviert ist. Wenn wir die Schlussfolgerungen zusammenfassen, die aus den obigen Aussagen zu ziehen sind, können wir nur zu einem Urteil kommen: Die Freimaurerei ist im Wesentlichen ein falscher, trügerischer und verlogener Geheimbund, in den die meisten seiner Mitglieder von einer Flut von Banketten, gesellschaftlichen Zusammenkünften, guten Werken, gutem Willen und philanthropischer Kameradschaft getragen werden. Der unheimliche Charakter der Freimaurerei ist der Masse ihrer Mitglieder, d. h. denjenigen, die nicht über den blauen oder den vierten Grad hinausgehen, völlig verborgen.

Laut dem gelehrten Dom Benoit, einem höheren Gelehrten der Freimaurerei, von dem selbst die Freimaurer zugeben, dass er große Kenntnis von ihren geheimen spekulativen Orakeln hatte, ist die Freimaurerei ein Teufelskult. Bei der Beschreibung der Einweihungszeremonien des 25 Grades,

(Ritter der ehernen Schlange) schwören die Eingeweihten, für die Rückkehr des Menschen in den Garten Eden zu arbeiten. Der Meister erwähnt die Schlange als Freund des Menschen, während unser Gott - auf den sich die Freimaurer als Adonai oder Adonay beziehen - als Feind des Menschen aufgelistet wird.

Benedikt sagt, dass im 20 Grad der Rückschluss auf den Luziferischen Kult noch positiver ausgesprochen wird, denn der Vorsitzende der Sitzung sagt zum Eingeweihten:

> Im heiligen Namen Luzifers vertreibt den Obskurantismus.

Obskurantismus ist eines der wenigen Schlüsselwörter, die jedem Freimaurer oberhalb des vierten Grades den Mund schäumen lassen, wenn es in seiner Gegenwart von jemandem erwähnt wird, der kein Freimaurer ist und daher das Wort und seine Bedeutung nicht kennen sollte.

Wie ich bereits sagte, sind viele Freimaurer, die bekennende Christen sind, "sobald Sie diese Geheimnisse kennen, kann es einen Platz für Zweifel geben, dass die Freimaurerei die Anbetung Luzifers und die Verunglimpfung Christi ist."

Benedikt hat eine weitere, vernichtendere Anklage gegen die Freimaurerei, die er wie folgt formuliert hat:

> Wer kann so leichtgläubig sein zu glauben, dass nach so vielen ernsthaften und beständigen Behauptungen, dass die Freimaurer alle Religionen respektieren, dass die Sorge um die Religion und der Hass auf die katholische Kirche nur in bestimmten Freimaurergraden existieren, in denen man von Christus sagt, dass er ein gefallener Engel

ist. Ich habe die Embleme einer Großloge gesehen, die einen Kelch mit dem Bild der von einem Dolch durchbohrten Hostie, ein anderes die Welt mit dem umgekehrten Kreuz und wieder ein anderes das Herz Jesu mit dem Motto "Cor Ex Secranrum" zeigt.

In einer Rede aus Albert Pikes Luziferischen Riten des Palladiums für reformierte Auserwählte erklärt Benedikt, dass die Eingeweihten angewiesen werden, "den Verräter Jesus Christus zu bestrafen, Adonai zu töten, indem sie die Hostie erdolchen, nachdem sie sich vergewissert haben, dass es sich um eine geweihte Hostie handelt, während sie schreckliche Gotteslästerungen rezitieren."

Pike wurde 1809 geboren und starb 1891. Sein Buch *Morals and Dogma* bestätigt die Anbetung Satans und seinen Glauben an eine Neue Weltordnung. Er verachtete jedes politische System, das nicht eine begrenzte republikanische Regierung mit demokratischen Grundsätzen war. Nach Pike sollten politische Macht, Reichtum, Gesundheit und ein langes Leben durch die Anbetung Luzifers erlangt werden.

Das Buch ist sehr homosexualitätsfreundlich, auf dem Cover ist ein doppelköpfiger Adler zu sehen. Es ist klar, dass das zentrale Thema des Buches die Zerstörung der Moral und der Familie ist. Das Buch verurteilt die biblische Moral und die Familie als Eckpfeiler der Zivilisation.

Nun weiß ich, dass es einige, sogar hohe Freimaurer, geben wird, die sagen werden "... wir waren unser ganzes Leben lang Freimaurer und haben nie eine solche Zeremonie miterlebt". Natürlich ist das nicht der Fall! Das ist das Standardverfahren der Freimaurerei; nur die Auserwählten werden in diese Riten eingeweiht. Wenn Sie den 25 Grad nicht überschritten haben, wissen Sie nichts von diesen abscheulichen Anti-Christus-Ritualen! Und lassen Sie mich Sie warnen, dass jeder Versuch, die Bestätigung von Benedikts Anspruch durch die Freimaurerhierarchie zu erhalten, bedeuten wird, dass Ihre Tage als Freimaurer gezählt sind. Sie werden in der Folge ein gebrandmarkter Mann sein, dem man nicht vertrauen kann.

Um Bruder Stroether zu zitieren, eine weitere anerkannte Autorität, die von der Freimaurerei nie in Frage gestellt wurde, einfach weil er einer der ihren war, aus ihren internen Räten stammte, ein Mann, der Worte benutzte, die Freimaurer wieder heimgesucht haben:

> Die Freimaurerei existiert in Frankreich, Spanien, Portugal und Südamerika als antireligiöse Organisation, die sich in den letzten Jahren zu einer Art antithetischer Sekte entwickelt hat, die aus ihrem Hass auf die Offenbarungsreligionen keinen Hehl macht.

Bruder Stroether war ein Mitglied der Auserwählten, ein hochgradiger Freimaurer aus Louisville, Kentucky in den Vereinigten Staaten. Ich bat eine Reihe von hochgradigen Freimaurern, sich zu Stroethers Worten zu äußern. Ausnahmslos beteuerten sie entweder ihre Unwissenheit über die Identität von Bruder Stroether oder bestritten, dass er überhaupt etwas in dieser Richtung gesagt hatte. Ein besonders empörter Freimaurer, ein Oberst der Staatspolizei von North Carolina, sagte mir: "Diese Art von Kommentar ist das Produkt eines kranken Anti-Freimaurer-Geistes".

Als ich ihn jedoch mit den Worten seiner eigenen Freimaurer konfrontierte, warnte er mich, dass ich gut beraten wäre, die Freimaurerei zu verlassen. Die Worte, die ihn erschüttert hatten, waren die Worte, die der berüchtigte Paul Lafargue (1842-1911) auf dem Internationalen Kongress der Freimaurer des Großen Orients 1866 in Brüssel, Belgien, gesprochen hatte:

> Krieg gegen Gott! Hass auf Gott! Im Fortschritt muss man den Himmel zerquetschen, als wäre er ein Stück Papier.

Auf derselben Konferenz wiederholte ein namhafter Freimaurer namens Lanesman die Worte, die 1880 verwendet wurden, nämlich

> Wir müssen den Schändlichen zerschlagen, aber dieser Schändliche ist nicht der Klerikalismus, dieser Schändliche ist Gott.

KAPITEL 3

DIE HISTORISCHEN FEINDE
DER FREIMAUREREI

Ich habe die Dokumente, aus denen diese Auszüge entnommen wurden, sorgfältig recherchiert, um ihre Richtigkeit zu bestätigen. Mit der gleichen Sorgfalt habe ich auch in den Freimaurerakten des British Museum in London nach einem Widerruf oder einer Desavouierung dieser Blasphemie durch hochrangige Freimaurer gesucht; meine Nachforschungen ergaben jedoch keinen Beweis dafür, dass diese Worte nicht das Credo der Freimaurerei im Allgemeinen sind oder dass sie entfernt wurden.

Ein hoch angesehener Freimaurerführer, der alles bisher Gesagte, insbesondere die antichristliche Natur der Freimaurerei, bestätigte, war ihr Hohepriester Albert Pike, Mitbegründer der Reformierten Riten des Neuen Palladiums und Souveräner Pontifex der amerikanischen Freimaurerei. Albert Pike und Edgar Allen Poe hatten viele Gemeinsamkeiten. Beide wurden 1809 in Boston geboren. Beide waren Schriftsteller und Dichter und beide waren Opiumsüchtige sowie Freimaurer des 33 Grades und Luziferianer.

In der *Katholischen Enzyklopädie* lesen wir, dass Albert Pike und ein anderer wichtiger, hochrangiger Freimaurer, Adriano Lemmi, sich gemeinsam verschworen hatten, um der christlichen Religion in Italien zu schaden. Pike schrieb an Lemmi Folgendes:

> Die klerikalen Einflüsse in Italien müssen in kurzer Zeit vernichtet werden, die Gesetze gegen religiöse Kongregationen müssen eingehalten werden. Und (was ist mit) den Schulen? Dort wird immer noch katholischer Unterricht erteilt. Lassen Sie die Menschen über die Logen protestieren.

Mit anderen Worten: Freimaurerlogen nutzen, um "Proteste" gegen katholische Schulen zu provozieren.

Professor John Robinson verbrachte viele Jahre damit, sorgfältig nach der von Abbé Barruel vorgelegten Darstellung der Freimaurerei zu suchen.

Robinson erklärt:

> Barruel bestätigt alles, was ich über die Illuminaten, die er sehr treffend Philosohisten nennt, und über die Missbräuche der Freimaurerei in Frankreich gesagt habe.

Er zeigt unzweifelhaft, dass eine formelle und systematische Verschwörung gegen die Religion von Voltaire, d'Alembert und Diderot mit Unterstützung von Friedrich II, König von Preußen, gebildet und eifrig verfolgt wurde, und ich sehe, dass ihre Prinzipien und ihre Vorgehensweise dieselben waren wie die der deutschen Atheisten und Anarchisten..... Aber ihr Lieblingsprojekt war es, das Christentum und jede Religion zu zerstören und einen totalen Regierungswechsel herbeizuführen.

Robinson diskutierte die zweifellos lebenswichtige Rolle der Freimaurerei in der Französischen Revolution, wie sie von Abbé Barruel auf präziseste und unbestreitbarste Weise enthüllt wurde. Wenn das den Skeptikern nicht genügt, sollten sie sich an die wichtigsten "Passwörter" der Freimaurerei wenden. Eines davon basiert auf Kain, den Christus in St. Matthäus 23 als Prophetenmörder verurteilte. Das "Geheimwort", Tubal Kain, ist ein sehr expliziter Hinweis auf Kain. Das andere "Geheimwort" ist INRI, "Igne Natura Renovatur Integra" - "Die ganze Natur wird durch das Feuer erneuert", das zur Beschreibung von Jesus von Nazareth verwendet wird. Der Eingeweihte soll "herausfinden", was das bedeutet, was einen Einblick in den Infantilismus der Rituale gibt, denen sich die Freimaurer hingeben.

Dann erklärt der Logenmeister:

> Meine lieben Brüder, das Wort ist gefunden, und alle Anwesenden applaudieren dieser Entdeckung, dass der, dessen Tod die christliche Religion vollendet hat, nur ein gewöhnlicher Jude war, der für seine Verbrechen gekreuzigt wurde. An dem Evangelium und dem Menschensohn muss der Kandidat die Bruderschaft der Päpste Jehovas rächen.

Dieses Zitat stammt aus dem Werk von Abbé Barruel über den 18 Grad des Rosenkreuzes. Die Rosenkreuzer waren Freimaurer, die die englische Freimaurerei begründeten. Es ist jedoch richtig zu sagen, dass die große Mehrheit der englischen Freimaurer nie über den vierten Grad hinausgekommen ist und energisch bestreitet, dass es das oben Genannte gibt. Tatsächlich haben mehrere englische Freimaurer erklärt, dass sie gläubige Christen seien und sich niemals an der Lästerung Christi oder seiner Kirche beteiligen würden! Die Freimaurerei ist für die Mehrheit ihrer Mitglieder nichts anderes als eine Wiederholung des Ersten und Vierten Grades. Es ist nicht verwunderlich, dass so viele von ihnen in diesem Stadium aufgeben und nicht versuchen, weiter zu gehen. Laut dem sehr freimaurerfreundlichen Dr. Mackey, einer Autorität auf dem Gebiet der Freimaurerei:

> ... Das sind die Erklärungen, und der Hohe Grad ist der Kommentar dazu.

Es gibt diejenigen, die sagen: Wenn die Freimaurerei so schlecht ist, wie kommt es dann, dass so viele Anglikaner und sogar einige Päpste Freimaurer waren? Ich stimme zu, dass Tausende von Leitern der anglikanischen Kirche Freimaurer sein mögen, aber diese Männer sind keine Christen; sie sind Luzifers heimliche Agenten, Schläfer in der Kirche, deren Aufgabe es ist, die Kirche zu zerstören! Können wir sagen, dass "einige Päpste Freimaurer waren", wenn es unmöglich ist, dies zu beweisen, auch wenn es einen starken Verdacht gibt, dass mindestens drei Päpste Freimaurer gewesen sein könnten? Ein Verdacht ist kein Beweis. Ein falsches Gerücht, das unter Freimaurern in Deutschland in Umlauf gebracht wurde und besagte, dass Papst Pius XI. ein Freimaurer gewesen sei, verbreitete sich schnell nach Philadelphia. Eckert, eine der wichtigsten Anti-Freimaurer-Autoritäten, erzählt uns, dass dies geschah, um eine Nachuntersuchung der Behauptung zu vermeiden, die in Europa leichter zu fördern gewesen wäre als in den Vereinigten Staaten. Nichtsdestotrotz wurde die Behauptung von John Gilmary Shea, dem Mann, der viel über das Leben von Papst Pius XI. geschrieben hat, sorgfältig untersucht.

Sheas Nachforschungen bewiesen, dass Pius XI. niemals Mitglied der Loge von Philadelphia gewesen war. Tatsächlich hat eine solche Loge in Philadelphia nie existiert! Preuss, ein weiterer berühmter Forscher freimaurerischer Wahrheiten, bestätigte die Verschwörung als nichts anderes als einen Versuch, Papst Pius XI. und die katholische Kirche im Allgemeinen zu beschmutzen.

Als Antwort auf die oft gestellte Frage: "Was ist Freimaurerei?" kann ich nichts Besseres tun, als den großen Gelehrten und Freimaurer-Historiker Abbé Barruel zu zitieren... Es handelt sich um ein bösartiges Übel der übelsten Sorte, eine Meinung, die vom Pontifex Albert Pike bestätigt wird, der sagte:

> Die Blauen Grade sind nichts anderes als die äußere Tür des Tempeltors. Ein Teil der empfangenen Symbole sind dieselben, aber der Adept wird absichtlich durch falsche Interpretationen getäuscht.

> Es ist nicht vorgesehen, dass er sie versteht, sondern vielmehr, dass er sich vorstellt, sie zu verstehen. Ihre wahre Interpretation ist den Eingeweihten, den Fürsten der Freimaurerei, vorbehalten.

Diese Worte finden sich in Dokumenten über Pike, die im Allerheiligsten des Britischen Museums aufbewahrt werden, wenn sie nicht inzwischen entfernt wurden, wie es so vielen Dokumenten ergeht, wenn sie eines Tages zu einer Bezugsquelle für Ermittler der Freimaurerei werden. Es muss etwas "bösartig Böses" an einer Gesellschaft sein, die beginnt, ihre eigenen Mitglieder absichtlich zu täuschen. Copin-Albancelli, der bereits erwähnte Freimaurer-Historiker, behauptet, dass die Freimaurerei eine von Okkultisten gelenkte Kraft ist, die als Rammbock gegen die christliche Religion eingesetzt wird.

KAPITEL 4

DIE ENZYKLIKA MIRARI VOS VON PAPST GREGOR XVI.

In dieser Enzyklika verfügte Papst Gregor, dass die Freimaurerei:

> ... Alles, was es an Frevel, Gotteslästerung und Schande in den Ketzereien und den verbrecherischsten Sekten gegeben hat, hat sich in der freimaurerischen Geheimgesellschaft wie in einem universellen Abwasserkanal gesammelt.

Kein Wunder, dass ich verwirrt bin, wenn mir jemand sagt: "Katholiken sind keine Christen". Zeigen Sie mir, wo geschrieben steht, dass sich jemals ein protestantischer Führer so entschieden gegen die Freimaurerei ausgesprochen hat wie die katholische Kirche. Bis heute habe ich keinen einzigen gefunden.

Vielleicht lässt sich so die Tatsache erklären, dass Wladimir Lenin Freimaurer war. Preuss sagt über Bruder Lenin, dass er unter seinem richtigen Namen, Ulianov Zederbaum, einer Geheimloge in der Schweiz angehörte, von der aus er sich bemühte, das christliche Russland zu stürzen - eine Bemühung, wie ich hinzufügen könnte, bei der er dank der massiven Hilfe der Freimaurer der Tafelrunde, Lord Palmerston, Lord Milner und einer Menge englischer Freimaurer des 33 Grades erfolgreich war. Und dennoch bezeichnete die Schweizer Regierung diesen Erzdämon als "intellektuell". Das ergibt Sinn, wenn man bedenkt, dass die Heimat der Freimaurerei seit Jahrhunderten immer die Schweiz war. Die "Bruderschaft" hat im Fall Lenin gezeigt, dass Freimaurer zusammenhalten, vor allem bei Unternehmungen, deren Ziel die Zerstörung der christlichen Religion ist, wie im Fall des orthodoxen Russlands.

Die Tatsache, dass die englischen Freimaurer durch die Ausplünderung Russlands Milliarden von Dollar verdient hatten, war natürlich ein zusätzlicher Bonus. Die wahre Genugtuung lag im Sturz des Zarenregimes und dem groß angelegten Massaker an den Christen (bescheinigt wurden 60 Millionen), das zum Vorbild für den Spanischen Bürgerkrieg (Juli 1936 bis Juni 1939) wurde. Ich beziehe mich auf den Juni 1939, weil es der Monat war, in dem Franco im Triumph durch die Straßen von Madrid zog, nachdem er für Gott und Vaterland die luziferischen Kräfte der kommunistischen Freimaurerei in seinem Land zerschlagen hatte.

Eine bekannte Autorität, die ich noch nicht erwähnt habe, ist Margiotta, der in die Riten des Palladiums eingeweiht wurde und ein "Prinz der Freimaurerei" wurde. Margiotta weist darauf hin, dass Pike verlangte, dass der Gott der Freimaurerei Luzifer genannt werden sollte, ganz gegen den Willen seines Bruders, des Freimaurers Adriano Lemmi, der wollte, dass der Gott der Freimaurer Satan genannt wird.

Albert Mackey behauptet, dass die Freimaurerei dazu da ist, eine Neue Universale Religion zu etablieren. In der Publikation *A Cause wird* behauptet, dass die Freimaurer alle Gesetze und die Autorität in jedem Land ignorieren müssen, was genau der rebellischen revolutionären Natur Luzifers entspricht, der sich gegen die Gesetze und die Autorität Gottes auflehnte. Man kann also sagen, dass die Freimaurerei aufgrund ihres eigenen Bekenntnisses eine revolutionäre Kraft ist, die mit dem Ziel existiert, die bestehende Ordnung auf der Erde zu stürzen, genauso wie ihr Meister Luzifer versucht hat, die bestehende Ordnung des Universums zu stürzen! Die Freimaurerei ist ein paramilitärischer Orden, was durch ihre Grade und Symbole, die militärischer Natur sind, voll und ganz bestätigt wird.

Sowohl Eckert als auch Benoit betonen, dass die eigentliche Autorität der Freimaurerei, das Oberkommando, völlig okkulter Natur ist, weshalb sich das verborgene Oberkommando hinter einer Masse von Symbolen und Zeremonien versteckt, die nicht aufgedeckt werden dürfen, bis man den höchsten Grad des Ordens erreicht hat. Es werden alle Anstrengungen unternommen, um die Identität (selbst eine Namensänderung) dieser geheimen Führer vor den gewöhnlichen Mitgliedern zu verbergen, auf eine ähnliche Weise, wie es die Bolschewiki in Russland getan haben (Haben die Bolschewiki ihre Namensänderung daher?).

Der 19 Grad der Freimaurerei des schottischen Ritus erklärt:

> Krieg gegen das Kreuz Jesu Christi führen. Die Anbetung des Luzifers aus Feuer und Fleisch annehmen.

Diese schändlichen Worte gehören zu den Beweisen, die in Benedikts *Freimaurerei* angeboten werden, der bemerkenswertesten Darstellung der *Freimaurerei*, die denjenigen zur Verfügung steht, die nach dem wahren

Zweck der Freimaurerei suchen.

Drei Worte lassen die Maurer des 33 Grades in Rage geraten:

Katholizismus, Obskurantismus und Klerikalismus.

Das zweite Wort ist ausschließlich ein Freimaurerwort, das sie gerne verwenden, um die Lehren Christi zu beschreiben.

Es muss offensichtlich eine doppelte Bedeutung haben, um die Wut zu inspirieren, die es hervorruft, wenn es von Nicht-Maurern verwendet wird, denn von Nicht-Maurern wird erwartet, dass sie solche Wörter nicht kennen, und Freimaurer hassen es, entlarvt zu werden. Die Freimaurerei ist eine falsche Bruderschaft, da sie absichtlich die Armen und diejenigen ausschließt, die keine Chance haben, jemals politische Macht zu erlangen, und sie täuscht absichtlich ihre Mitglieder niederer Ordnung.

KAPITEL 5

ECKERT STELLT EINE RELEVANTE FRAGE

Eckert stellt diese relevante Frage:

> Warum schließt der Orden die Armen aus, die keinen politischen oder wirtschaftlichen Wert haben? Es ist eine bekannte Tatsache, die auch von der Freimaurerei selbst nicht geleugnet wird, dass sie nur diejenigen anwerben will, die eine erfolgreiche geschäftliche oder politische Karriere hinter sich haben. Tatsache ist, dass Geld die motivierende Kraft ist, wenn es darum geht, Neuankömmlinge in die Bruderschaft aufzunehmen.

Eine so unverhohlene Heuchelei sollte allen, die eingeladen wurden, einen der Freimaurertempel in ihrer Region zu einem gesellschaftlichen Treffen zu besuchen, als Warnung dienen. Dies ist die übliche Art und Weise, wie diejenigen, von denen der Orden glaubt, dass sie ihm einen finanziellen Vorteil verschaffen können, ihre Mitgliederwerbung betreiben. Der Freimaurer fragt "Sind Sie auf dem Platz?", was so viel bedeutet wie "Sind Sie ein Freimaurer? ". Der Fragesteller weiß durch einen geheimen Handschlag ganz genau, dass die von ihm angesprochene Person kein Freimaurer ist, sondern jemand, den er für einen wahrscheinlichen Kandidaten für die Mitgliedschaft in seiner Loge hält!

Die Behandlung von Graden und Ritualen würde ein eigenes Buch erfordern, da es Hunderte von Ritualen gibt, von denen viele an Infantilität grenzen.

Es gibt viele gute Bücher, die sich ausschließlich mit diesen Ritualen beschäftigen, deren Lektüre jedoch ermüdend ist. Laut der *Freimaurerbibel*, der *Enzyklopädie der Freimaurerei*, und einem neueren Werk mit dem Titel *The Meaning of Masonry* von W.L. Wilmhurst sind die wichtigsten Rituale folgende:

❖   Der Alte und Angenommene Schottische Ritus
❖   Der Ritus des Herodes
❖   Der altschottische reformierte Ritus
❖   Der Ritus des Großen Orients (zu dem der Französische Ritus gehört)
❖   Der Schottische Philosophische Ritus (in der Schweiz sehr verbreitet)
❖   Der Elektrische Ritus (in Deutschland sehr verbreitet)
❖   Der Mizraim-Ritus (altägyptischer Ritus)
❖   Der Joanite Ritus

Interessanterweise befindet sich der Hauptsitz der universellen Freimaurerei in Genf, Schweiz, unter dem Titel Internationale Freimaurerische Vereinigung. Die Schweiz war, wie die Geschichte zeigt, schon immer ein Zufluchtsort für Revolutionäre.

Ein zweiter "Zweigsitz" befindet sich in Lausanne und ist besonders geheim. Ascona ist die Heimat des gnostischen Satanismus, der Freimaurerei und des Kommunismus. Denken Sie daran, dass Freimaurer Revolutionäre sind, ihnen wurde beigebracht, gegen alle bestehenden

Regierungen rebellisch zu sein, und die Schweizer Freimaurer bilden keine Ausnahme von diesem freimaurerischen Gebot.

Benoit sagt von den Ritualen der Freimaurer:

> ... Sie sind lang, umständlich und übermäßig kindisch.

Damit ihre kindlichen Absurditäten nicht von "Fremden" entdeckt werden, wird, bevor eine Logensitzung beginnt, diese "abgedeckt" - ein Begriff, den die Freimaurer verwenden, um sicherzustellen, dass keine Fremden oder Eindringlinge anwesend sind, die die Debatten beobachten und darüber berichten.

Eckert und Copin beschreiben diese Machenschaften auf unterschiedliche Weise und verwenden den Begriff "unglaubliche Possen", um sie zu beschreiben. Der Zweck all dieser Possen, so Copin, bei denen es um geheime Passwörter geht, die Außenstehenden unbekannt sind, und um Hiram (Hiram Abiff, König von Tyrus), der angeblich der Erbauer des Salomonischen Tempels war und ermordet wurde, ist es, die weltliche Autorität zu täuschen und sie glauben zu machen, dass die Freimaurerei eine wohlwollende Gesellschaft ist, die sich den Banketten, dem Sammeln von Geld für die Armen und allgemein dem Guten für die Gemeinschaft verschrieben hat! Copin sagt, dass im Ritual der Mittleren Kammer, die ein Meister nie betritt, die Mitglieder "wie Schulkinder" auf und ab gehen müssen.

Eckert fährt fort:

> ... Wir sehen im Ritual eine theatralische Darstellung, die zu ernst ist, um ein Witz zu sein, zu skurril, um ernst zu

sein.

Nichtsdestotrotz ist es ernst. Das Ziel ist es, alle Mitglieder auszusortieren, die schnell zeigen, dass sie keine Lust haben, über diesen Punkt hinaus Fortschritte zu machen, von denen, die das Ritual auf unterwürfige Weise befolgen. Hiram ist natürlich das Herzstück. Für sie führt die Leiter, die sie erklimmen müssen, nicht zu neuen Verrücktheiten, sondern zu einer höheren und vertrauenswürdigeren Position in der Freimaurerei. Es ist interessant, einige der Titel zu erwähnen, die die Enthusiasten vielleicht eines Tages anstreben können:

❖ 5 Grad: Der perfekte Meister
❖ 11 Grad: Der Erhabene Auserwählte der Zwölf von Prinz Ameth
❖ 16 Grad: Der Prinz von Jerusalem
❖ 19 Grad: Der Hohe Pontifex
❖ 28 Grad: Der Sonnenritter oder Adeptusprinz
❖ 31 Grad: Der Großinspektor Inquisitor Kommandant
❖ 32 Grad: Der Erhabene Prinz des königlichen Geheimnisses
❖ 33 Grad: Der Souveräne Pontifex der Allgemeinen Maurerei

Der Ritus des Herodes interessiert mich besonders. Warum sollte man einen Mörder wie König Herodes anbeten wollen, der Tausende von Neugeborenen tötete, als die Weisen ihm die alarmierende Nachricht von der Geburt Christi überbrachten? Der einzige Grund, der mir einfällt, ist, dass Herodes versucht hat, das Jesuskind zu ermorden, und dass die Freimaurer ein antichristlicher Orden sind.

Aber es sind die Prinzen der Freimaurerei, diejenigen, die

den 33 Grad erreicht haben, denen das wahre Gesicht der Freimaurerei offenbart wird. Adriano Lemmi, ein solcher Prinz, enthüllte es in seinem Hassausbruch gegen die Familie und die Kirche in seinem Brief an Margiotta:

> Ja, ja, das Banner des Höllenkönigs ist auf dem Vormarsch ... und muss heute energischer und offener als je zuvor gegen alle Tricks der klerikalen Reaktion ankämpfen.

Diejenigen, die die kindlichen Spiele der Freimaurerei sklavisch ausführen und alle zeremoniellen Befehle genau befolgen, ohne etwas zu versäumen, werden als "glänzende Maurer" bezeichnet, was zwei Stufen über den sogenannten "Messer- und Gabelmaurern" liegt, die nur für die vielen Festessen und Bankette leben, die die Maurer genießen, während die nicht für einen höheren Grad Qualifizierten als "rostige Maurer" bezeichnet werden. Benedikt sagt, dass letztere auch als "Papageienmaurer" bekannt sind, weil sie zwar die Lektionen kennen, aber nicht deren Bedeutung. Es gibt absolut keine Gleichheit in den Logen, was die Beteuerungen der Freimaurer Lügen straft, dass alle gleich sind und dass "Freiheit, Gleichheit und Brüderlichkeit" der Eckstein ist, auf dem die Freimaurerei aufgebaut ist.

Pike schreibt, dass die Anbetung Luzifers nur denjenigen bekannt ist, die den letzten Grad erreicht haben. Lord Christopher Soames, der Verräter von Simbabwe, ist eine solche Person, ebenso wie Lord Carrington, der ehemalige Generalsekretär der NATO. (Im US-Kongress gibt es viele, die die Meinung von Lord Soames und Lord Carrington teilen. Einer von ihnen, der einem schnell einfällt, ist Senator Trent Lott, ein Freimaurer im 33 Grad). Copin, Benoit und Eckert erinnern uns alle daran, dass das Passwort INRI, das ich zuvor erläutert habe, ein christusfeindliches Wort ist. Ich frage mich, wie Senator

Lott und andere wie er, die sich zum Christentum bekennen, dies mit ihrem Gewissen vereinbaren können.

Was ist die luziferische Anbetung? Wir müssen uns darüber im Klaren sein, um Pikes Palladium-Riten zu verstehen und was die Fürsten der Freimaurerei tatsächlich befolgen, während sie bekennen, Christen zu sein, wie im Fall vieler Mitglieder der Hierarchie der anglikanischen Kirche, der Aristokratien Europas, nicht zu vergessen das liberale Establishment der Ostküste der Vereinigten Staaten und viele Kongressabgeordnete! Wie Albert Pike erklärt, ist die luziferische Anbetung ein Glaubensbekenntnis, das lehrt, dass Luzifer der strahlendste der drei Engel war, die zur Rechten Gottes platziert wurden, ein Superwesen mit überragender Intelligenz und Fähigkeiten. Seine Macht war so groß, dass er Gott herausfordern und die Kontrolle über das Universum übernehmen konnte.

Es folgte ein mächtiger Kampf mit St. Michael, dem kriegerischen Engel Gottes (den die Freimaurer als Luzifers Bruder betrachten), der Luzifer besiegte und ihn aus der Gegenwart Gottes vertrieb.

Jesus Christus nimmt in den Evangelien darauf Bezug. Luzifer wurde in die Hölle verbannt, die als realer Ort im Universum beschrieben wird. Luzifer nahm viele der wichtigsten Engel der himmlischen Hierarchie mit sich, die bereit waren, mit ihm zu überlaufen. Gemäß dem luziferischen Glaubensbekenntnis gab Gott diesen Engeln eine weitere Chance, Buße zu tun, da er der Ansicht war, dass sie von dem betrügerischen Meister Luzifer getäuscht worden waren.

Zu diesem Zweck hat Gott unseren Planeten erschaffen und

die Engel, die getäuscht wurden und nicht offen rebellierten, erhielten Körper nach dem Bild Gottes und durften die Erde bewohnen. Diese Wesen waren vom Atem Gottes, seinem Geist und seinem Licht erfüllt und von Gott geheiligt. Sie unterschieden sich nicht von gewöhnlichen Menschen, mit Ausnahme der Tatsache, dass sie keine Kenntnis von ihrem früheren Leben im Himmel hatten. Aber sie erhielten Inspirationen aus seinem Wort, um sie auf ihrem Plan zu unterstützen, und behielten einen freien Willen. Ihr Verstand wurde dazu benutzt, zu entscheiden, woher die Inspirationen kamen, und sie in körperliche Handlungen umzusetzen, die immer entweder positiv oder negativ waren - es gab keinen Mittelweg. Diese Handlungen wurden in einem Buch festgehalten, das als das in den Offenbarungen erwähnte Buch des Lebens bekannt ist.

Durch ihre Handlungen im physischen Bereich entscheiden diese Wesen himmlischen Ursprungs über ihre eigene Zukunft, d. h. sie können Luzifers Plan oder Gottes Plan, das Universum zu regieren, akzeptieren. Man könnte sagen, dass dies fast so aussieht wie das, was die christliche Bibel lehrt, aber nicht ganz.

Plötzlich erscheint Satan, gebracht von Luzifer, als Fürst der Welt (Bitte beachten Sie, dass die Verwendung des Wortes "Fürst" auch von den Freimaurern verwendet wird) zum Zeitpunkt der Erschaffung der Welt. Satans Aufgabe war es, die ersten Eltern dazu zu bringen, sich von Gott abzuwenden und sich Luzifer anzuschließen, wodurch er dessen Plan vereitelte.

Gott, so Pike, ging mit seinem ersten Sohn durch den Garten Eden, aber es gelang ihm nicht, ihn über die Freuden des Sexes zu belehren, weil er ein eifersüchtiger und egoistischer Gott ist. Wie der Niedere Orden der Palladiumriten lehrt, handelte Gott so, weil dieses Vergnügen ihm gehörte und nicht geteilt werden durfte, bis die Kinder ihren Gehorsam, ihre Integrität und ihre absolute Ehrlichkeit bewiesen hatten. Erst dann würde es ihnen als Belohnung gegeben werden.

Dann, so Pike, nahm Satan die Sache in die Hand und weihte Eva unter Luzifers Befehl in die Freuden des Sexes ein, die Gott für die Fortpflanzung reserviert hatte und deren Ankündigung er den ersten Eltern lediglich verschoben hatte, bis sie bereit waren. Satan sagte Eva, dass sie wie Adam Gott an Macht gleichgestellt sein würde und nie durch den Tod gehen müsse. Satan weihte Eva in das ein, was wir gerne als "fleischliche Erkenntnis" bezeichnen, ein Begriff, der völlig irreführend ist.

So wurde das luziferische Ideal der freien Liebe und des freien Sex eingeführt, im Gegensatz zum göttlichen Plan des Sex in den Grenzen der Ehe eines Mannes und einer Frau mit dem Ziel, Kinder zu zeugen, auf der Grundlage des spirituellen Wunsches, das Reich Gottes auf der Erde zu errichten.

Pikes Erklärung der Schwarzen Messe zeigt, wie Eva verdorben wurde, und anstatt dass Sex ein persönlicher, privater Akt körperlicher und geistiger Liebe ist, wurde er zu einer öffentlichen Zurschaustellung von Sex, der für alle offen ist, was heute das Wesen der Hexerei ist. Man kann mit Fug und Recht behaupten, dass angesichts der Bedingungen, die heute auf der Erde im sexuellen Bereich herrschen, Satan den Kampf gewinnt, wenn auch nur vorübergehend, bis er von Jesus Christus fest besiegt wird. Daher der unaufhörliche Hass auf Christus, der von den Freimaurern beteuert wird!

KAPITEL 6

DIE VERWENDUNG DER CHRISTLICHEN BIBEL IN FREIMAURERISCHEN TEMPELN

Preuss und die *Katholische Enzyklopädie* bestätigen die Verwendung der Bibel und des Kreuzes in Freimaurertempeln. Viele Freimaurer niederer Orden haben die gelegentlich aufgestellte Behauptung bestritten, dass die Freimaurerei ein luziferischer Kult sei. Sie sagten: "Da wir die Bibel und das Kreuz aufhängen, wie kann das möglich sein? ". Dies ist Teil des Täuschungsplans der Freimaurerei. Die Bibel ist nur dazu da, um in der höheren Ordnung verspottet zu werden, ebenso wie das Kreuz, das in Wirklichkeit mit Füßen getreten wird, während die übelsten Schändungen gegen es ausgesprochen werden.

Eckert bestätigt, dass das Kreuz und die Bibel ausgestellt werden, um sie auf die Ebene anderer religiöser "Bücher" von geringer Bedeutung zu bringen. Im 30 Grad des schottischen Ritus muss der Eingeweihte das Kreuz zertreten, während der Ritter Kadosh zu ihm sagt: "Zertrete dieses Bild des Aberglaubens! Zertrete es! "Wenn der Eingeweihte dies nicht tut, wird er beklatscht, aber die Geheimnisse des 30 Grades werden nicht an ihn weitergegeben. Wenn er das Kreuz zertrampelt, wird er in den Orden der Kadosch-Ritter aufgenommen und damit beauftragt, seine Rache an drei Bildern auszuführen, die den Papst, den Aberglauben und den König darstellen.

Diese grafische Beschreibung wird von der berühmten Benoit-Behörde in ihrem monumentalen Werk "*La Franc-Maçonnerie" (Die Freimaurerei)* gegeben. Die Freimaurer hoffen, auf diese Weise die Sache Luzifers voranzutreiben, der das Universum beherrschen will. Einige Freimaurer gingen sogar so weit, sich entmannen zu lassen, weil sie der Meinung waren, dass eine ungezügelte Sexualität, wie sie nach dem luziferischen Glaubensbekenntnis erlaubt ist, sehr wohl ihre Arbeit stören könnte, Luzifers Reich auf der Erde zu errichten. Janos Kader, der ehemalige ungarische Führer, ließ sich aus diesem Grund kastrieren. Die katholische Kirche geht nicht bis zu diesem Extrem, sondern verlangt den Zölibat von Priestern und Nonnen, damit sexueller Druck keine Rolle bei ihrem Dienst an der Menschheit und an Christus spielen kann. Pike erhielt, obwohl er Pontifex ist, seine Befehle durch eine Reihe von "Instruktionen" im Jahr 1889 von dem, was Margiotta einen "Obersten Rat von 23 Räten der Weltfreimaurerei" nennt.

Nach einigen Übersetzungen des Textes, der sich im British Museum in London befindet, lauten die Anweisungen wie folgt:

> Ihnen, Souveräne Generalinspektoren, sagen wir dies, damit Sie es den Brüdern der 32 , 31 und 30 Grade wiederholen können: Die freimaurerische Religion sollte von uns allen, den Eingeweihten der hohen Grade, in der Reinheit der luziferischen Lehre gehalten werden. Wenn Luzifer nicht Gott wäre, Adonai, dessen Taten seine Grausamkeit und seinen Hass auf den Menschen, seine Barbarei und seine Abneigung gegen die Wissenschaft beweisen, würden Adonai und die Priester ihn dann verleumden? Ja, Luzifer ist Gott, und leider ist auch

Adonai Gott. Denn das ewige Gesetz ist, dass es kein Licht ohne Schatten gibt... Daher ist die Lehre über den Satanismus eine Häresie, und die reine und wahre philosophische Religion ist der Glaube an Luzifer, der Adonai ebenbürtig ist, aber Luzifer, der Gott des Lichts und der Gott des Guten, kämpft für die Menschheit gegen Adonai, den Gott der Finsternis und des Bösen.

Dies ist die wahre Religion der Freimaurerei.

Die oben beschriebenen Ziele und Zwecke der freimaurerischen Religion führen zu Revolutionen, die das Reich Gottes auf Erden stürzen sollen. Der Sturz des christlichen Russlands war ein großer Triumph für die antichristlichen Kräfte, ihre Niederlage durch General Franco in Spanien war ein katastrophaler Schlag, bei dem auch die Freimaurerei besiegt wurde, was Franco nie verziehen werden wird. Wenn Sie glauben, dass es sich hierbei um eine schwache Verbindung handelt, dann täuschen Sie sich: Der Freimaurerplan zur Trennung von Kirche und Staat in den USA reißt Amerika ebenso auseinander wie die Abtreibung, die erzwungene Abschaffung der Schulgebete und das Verbot für Christen, die heiligen Tage Ostern, Pfingsten und Weihnachten als nationale Feiertage angemessen zu begehen. (Nicht nach heidnischer Art mit Ostereiern und Weihnachtsmann usw.).

Dies sind nur einige Beispiele für das, was diese Lehre erkannt hat. Der Druck der Freimaurer ist ein mächtiger Druck! Aus Angst, wir könnten es vergessen oder einige von uns könnten es sogar nie erfahren haben, riefen die Freimaurer in Frankreich dazu auf, die Beziehungen zur bolschewistischen Regierung wieder aufzunehmen, nachdem die diplomatischen Beziehungen aus Protest gegen die Gewalt und das Blutvergießen der bolschewistischen Revolution weltweit abgebrochen worden waren. Der freimaurerische Präsident Woodrow Wilson war der erste, der die bolschewistische Regierung trotz der energischen Proteste des Kongresses anerkannte. Die Macht der Freimaurerei ist beeindruckend!

Eckert:

> Die Freimaurer organisierten den Ersten Weltkrieg; sie geben zu, dass sie die grausamsten Aufständischen und die Apostel des weltweiten Mordens waren.

Die Ermordung des Erzherzogs Ferdinand von Österreich in Sarajevo, die von Historikern allgemein als der Funke angesehen wird, der Europa während des Ersten Weltkriegs entzündete, war eine Angelegenheit der Freimaurer. Neben Eckert stimmen auch viele andere Autoritäten dieser Behauptung zu. Aus der Erklärung des Rituals sowie aus der jahrhundertealten Geschichte und den Bekenntnissen der Ordensmitglieder kann man mit Recht schließen, dass die Freimaurerei eine Verschwörung gegen den Altar, die Regierung und die Eigentumsrechte ist, mit dem Ziel, auf der gesamten Erdoberfläche eine theokratische Gesellschaftsherrschaft zu errichten, deren politisch-religiöse Regierung ihren Sitz in Jerusalem haben soll. Die unabdingbare Voraussetzung für diese Verwirklichung ist die Zerstörung der drei Hindernisse, die sich ihr entgegenstellen: die katholische Kirche, die nationalen Regierungen und das Privateigentum.

Der Einwand der Mitte ist weitgehend gefallen. Es gibt praktisch keine einzige Regierung, in der die Freimaurerei, wenn sie schon nicht willkommen ist, zumindest ungehindert geduldet wird. Ich frage mich oft, was an den Regierungen dran ist, dass sie es zulassen, dass dieses

Krebsgeschwür in ihrer Mitte alle Bemühungen, seine Aktivitäten zu bremsen, besiegt. Die Regierungen können doch nicht blind gegenüber der Geschichte sein, die voll von Beispielen für freimaurerischen Verrat ist. Warum also ist es diesem teuflischen Geheimbund, dieser luziferischen Religion, erlaubt, sogar innerhalb der christlichen Nationen zu existieren? Warum ist jeder Geheimbund erlaubt? Ich wünschte, jemand, der besser Bescheid weiß als ich, würde diese Frage, die mich so ratlos macht, lösen.

Das mag daran liegen, dass die Regierungen aller westlichen Länder vollständig von einer parasitären Geheimregierung kontrolliert werden, wie wir sie in unserem Buch über das Komitee der 300 durch seinen Rat für Auswärtige Beziehungen beschrieben haben,[1] die in allen Facetten ihrer Aktivitäten absolut luziferisch ist. Darüber hinaus haben wir viele mächtige Religionen, die nicht christlich sind, und in der Tat eine Hauptreligion, die regelrecht antichristlich ist und bei allen antichristlichen Aktivitäten eine führende Rolle spielt.

Die Freimaurer betrachten die Zerstörung Christi als ein wesentliches Ziel ihrer religiösen Ziele, die natürlich vollständig mit ihren politischen Bestrebungen korrelieren. Amerika wird noch einen Preis für die "Religionsfreiheit" zahlen müssen, und dieser Preis wird höchstwahrscheinlich die vollständige Zerstörung dieser großen amerikanischen Republik, wie wir sie in ihrer heutigen Form kennen, sein. Wenn Sie Dieben die Türen öffnen, müssen Sie damit rechnen, dass Ihr Haus ausgeraubt wird!

Die freimaurerische Lüge von der "Gleichheit aller Religionen" wurde bei vielen Gelegenheiten als

---

[1] Das berühmte CFR, NDT.

Scharlatanerie, als spekulative Lüge entlarvt, aber es lohnt sich, sie zu wiederholen: In der Freimaurerei gibt es keine Religionsfreiheit. Kein anderer Kult als der luziferische wird geduldet, und alle anderen werden verunglimpft. Insbesondere das Christentum kann sich auf einen Angriff von äußerster Grausamkeit gefasst machen, wenn die Freimaurer die Macht über alle weltlichen Regierungen dieser Welt übernommen haben, wie es ihr oft erklärtes Ziel ist.

Natürlich verbreitet die Freimaurerei ihre Absichten nicht über die Dächer aller Städte; denn wie ich bereits sagte, sind die meisten ihrer Mitglieder von diesen Wahrheiten völlig unwissend.

Um noch einmal den Pontifex zu zitieren, Albert Pike:

> Die Freimaurerei verbirgt wie alle Religionen, alle Mysterien, die Hermetik und die Alchemie ihre Geheimnisse vor jedermann, außer vor den Eingeweihten, Weisen oder Auserwählten, und verwendet falsche Erklärungen und Interpretationen ihrer Symbole, um diejenigen zu täuschen, die es verdienen, getäuscht zu werden, und um die Wahrheit, die Licht heißt, vor ihnen zu verbergen und sie davon zu trennen.

Diese sehr offene Aussage, deren Echtheit von einer Reihe von Freimaurern angezweifelt wird, wurde von Preuss, einer der besten Autoritäten auf dem Gebiet der Freimaurerei, überprüft und ist in Pikes Papieren enthalten, die im British Museum in London ausgestellt sind. Es gibt absolut keinen Zweifel an der Echtheit dieses Zitats.

KAPITEL 7

DER BRITISCHE URSPRUNGDER TÄUSCHUNG

Die Briten haben die Welt mit vielen großen Täuschern versorgt. Einer von ihnen kommt mir in den Sinn: Benjamin Disraeli, einer ihrer größten Premierminister, obwohl er bis zu dem Zeitpunkt, als er fast mittellos von den Rothschilds aufgenommen wurde, nicht zu viel aufgestiegen war. Aber das ist eine Geschichte, die ich in meinem Buch *Die Rothschild-Dynastie* erzählt habe, eine Geschichte, die nur einer sehr kleinen Zahl von Menschen bekannt wurde. Disraeli gilt als Autorität in Sachen Freimaurerei, und lange nach dem Ende der Französischen Revolution machte er folgende Aussage:

> Es waren weder die Parlamente, noch die Bevölkerung, noch der Lauf der Ereignisse, die den Thron von Louis-Philippe gestürzt haben... Der Thron wurde von den Geheimgesellschaften überrascht, die immer bereit sind, Europa zu verwüsten.

Ich weiß, dass dieser Satz in der Vergangenheit oft zitiert wurde, aber ich hielt es für wert, ihn in dieses Buch aufzunehmen, einfach weil er heute nicht weniger wichtig ist als damals, als Disraeli 1852 diese Worte sagte.

Täuschen Sie sich nicht: Die Kräfte, die Frankreich und Russland verwüstet haben, sind bereit, die Vereinigten

Staaten zu verwüsten. Werden Sie nicht aufhorchen, wenn Sie sehen, wie Südafrika verraten und an die Neue Weltordnung verkauft wurde? Wenn wir nicht aufpassen, verdienen wir das Schicksal, das uns wahrscheinlich alle ereilen wird, es sei denn, es gelingt uns, das amerikanische Volk aufzuwecken! Ich sage das, weil eine Untersuchung der geheimen amerikanischen Geschichte den mörderischen und bösartigen Einfluss der Freimaurerei auf die Angelegenheiten dieser Nation entlarvt. Sowohl Präsident Lincoln als auch Präsident Garfield wurden von Freimaurern ermordet. Es gibt zahlreiche unzweifelhafte Quellen, die darauf hindeuten, dass diese Morde von Freimaurern vorbereitet und geplant wurden, und dabei blieb es nicht. Präsident Reagan entging nur knapp dem Tod durch die Hände von John Hinckley.

Die Freimaurerei des schottischen Ritus plante zahlreiche Mordkomplotte gegen politische Persönlichkeiten, die für die Freimaurermacht unbequem geworden waren. Der Psychiater, den Hinckley zuerst aufsuchte, war Freimaurer. Hinckley wurde darauf programmiert, das Attentat zu begehen, das jedoch misslang. Kurz gesagt: Hinckley wurde genauso einer Gehirnwäsche unterzogen wie Sirhan-Sirhan. Wie ich in früheren Veröffentlichungen berichtet habe, erhielt Hinckleys Psychiater, der später in seinem Prozess aussagte, eine erhebliche "Subvention" vom Schottischen Ritus der Freimaurerei. Muss ich mehr dazu sagen?

Denjenigen, die immer noch glauben, dass die Freimaurerei ein philanthropischer Orden ist, der sich dem Guten verschrieben hat, möchte ich vorschlagen, zu lesen, was Copin-Albancelli, ein strenger Kritiker, und Louis Blanc, einer der Lieblinge der Freimaurerei, über den Orden zu sagen hatten. In einem Moment der Offenheit entblößte

Blanc die Täuschung der Freimaurerei, so dass alle sie sehen konnten:

> Da drei Grade der gewöhnlichen Freimaurerei aufgrund des Standes und des Prinzips des sozialen Umsturzes eine große Zahl entgegengesetzter Menschen zusammenfassten, vermehrten die Neuerer die Grade wie Sprossen, um die mystische Leiter zu erklimmen; sie führten die hohen Grade als ein dunkles Heiligtum ein, dessen Portale den Eingeweihten erst nach einer langen Reihe von Prüfungen geöffnet werden (die) dazu bestimmt sind, den Fortschritt seiner revolutionären Erziehung, die Beständigkeit seines Glaubens und den Tempel seines Herzens zu beweisen.

Blanc lieferte diese unbestreitbare Tatsache: Die Freimaurerei ist eine der stärksten revolutionären Kräfte der Welt, und das seit ihrer Gründung. Wieder einmal müssen wir einem Freimaurer-Sprecher dafür danken, dass er uns geholfen hat, die notwendigen Beweise für die obige Behauptung zu entdecken.

Ich habe festgestellt, dass jedes Mal, wenn die Freimaurer ein großes Bankett veranstalten, einer von ihnen ausrastet und die Wahrheit ans Licht kommt. Schauen Sie sich die Erklärung an, die der Freimaurer Jacques Delpech bei einem sehr großen und wichtigen Bankett im Jahr 1902 abgegeben hat:

> Der Triumph des Galiläers hat zwanzig Jahrhunderte gedauert, und nun stirbt er seinerseits. Die geheimnisvolle Stimme, die einst auf dem Berg von Epirus den Tod des Pan verkündete, verkündet heute den Tod des trügerischen Gottes, der denen, die an ihn glauben sollten, ein Zeitalter der Gerechtigkeit und des Friedens versprach. Die Illusion hat lange gedauert; nun verschwindet auch der Lügengott;

er wird sich den anderen Gottheiten Indiens, Griechenlands und Ägyptens anschließen, auch Roms, wo sich so viele getäuschte Kreaturen an den Fuß ihrer Altäre geworfen haben. Freimaurer, wir freuen uns, das sagen zu können, wir sind von diesem Untergang der falschen Propheten nicht betroffen.

Die römische Kirche, die auf dem galiläischen Mythos beruhte, begann an dem Tag, an dem die freimaurerische Vereinigung gegründet wurde, rasch zu verfallen... Von diesem politischen Standpunkt aus haben die Freimaurer oft variiert, aber zu allen Zeiten haben die Freimaurer an diesem Prinzip festgehalten, Krieg gegen jeden Aberglauben, Krieg gegen jeden Fanatismus.

Das Original dieser Erklärung kann im British Museum in London besichtigt werden. Ich habe weiter oben in diesem Buch einen Auszug aus dieser Erklärung zitiert, aber nach reiflicher Überlegung hielt ich es für angebracht, sie in ihrer Gesamtheit aufzunehmen, da ich sie für die aufschlussreichsten Worte halte, die je von einem hochrangigen Freimaurer ausgesprochen wurden.

Die Rolle der Freimaurerei in dem Krieg zwischen den Staaten, der auch als amerikanischer Bürgerkrieg bekannt ist, ist vielleicht weniger bekannt. Eine Autorität auf diesem Gebiet ist der Autor Blanchard, der in seinem Werk *Scottish Rite Masonry*, Band II, Seite 484, über diesen tragischen Konflikt feststellt:

> Das war die schändlichste Kriegshandlung der Freimaurer, nachdem sie ihre 59 Jahre alten Archive vor dem Krieg verbrannt hatten, um den Verrat zu vertuschen. Aber damals herrschte die Sklaverei über das Land und der Charleston des 33 Grades herrschte über die Logen. Und

die Logen des Südens bereiteten den ungerechtfertigsten und schändlichsten Krieg vor, den es je gegeben hat. Die Südstaatler wurden von Anführern in diesen hineingezogen, die insgeheim schworen, den Befehlen und Anführern der Freimaurer zu gehorchen - oder ihnen die Kehle durchzuschneiden!

Was hat die Freimaurerei also bislang erreicht? Zunächst einmal hat sie ihren Krieg gegen Christus und die Kirche durch eine massive Wiederbelebung der Hexerei und die erstaunliche Verbreitung des Gnostizismus im letzten Jahrzehnt intensiviert (siehe mein Buch *Satanismus*).

Auch der Kampf mit der katholischen Kirche wurde immer intensiver. Im Jahr 1985 saßen mehr Jesuiten in den Obersten Räten des Vatikans als zu irgendeinem anderen Zeitpunkt in der Geschichte des Katholizismus. Ihr paramilitärischer Orden, die Gesellschaft Jesu, konnte sich weltweit ausbreiten und unter den Nationen Verwüstungen anrichten, insbesondere in Simbabwe, Nicaragua, auf den Philippinen und in Südafrika, und in sehr großem Maße auch in den Vereinigten Staaten von Amerika, wo sie eine regelrechte Festung als Kommandozentrale errichtete, von der aus sie in alle Zweige der Regierung vordrang. Sie hat einen Geist der Anarchie hervorgebracht, der in vielen Formen über die Welt hinwegfegt, insbesondere in Form der "Rock"-Musik und ihrer Zwillingsschwester, der Drogenkultur, sowie im rasanten Anstieg des internationalen Terrorismus. Es sollte daran erinnert werden, dass Luzifer laut Christus für Anarchie und Rebellion steht, deren Vater er ist. Wenn wir die Fortschritte der Freimaurerei betrachten, gehen wir bis zu ihrem ersten großen Triumph, der blutigen Französischen Revolution, zurück. Noch einmal: Erinnern Sie sich an die Worte Christi: Satan ist ein blutdürstiger Mörder, und das war er schon immer.

Die Freimaurerei spielte die Hauptrolle bei der Planung und Durchführung der Französischen Revolution. Denjenigen unter Ihnen, die es vielleicht noch nicht gelesen haben, empfehle ich das Buch *La Révolution Française*,[2] von Nesta H. Webster. Es ist eines der am besten recherchierten Bücher, das zweifelsfrei belegt, dass die Französische Revolution ein Unternehmen der Freimaurerei war, das von den Rothschilds finanziert wurde, die auf diese Weise ihren brodelnden und seit langem bestehenden Hass auf Christus zum Ausdruck brachten.

Dasselbe gilt für die schreckliche bolschewistische Revolution von 1917. In beiden Fällen sehen wir den Geist der Freimaurerei als lenkende Hand, insbesondere der britischen Freimaurerei. Davor sahen wir den anglo-burischen Krieg, einen grausamen und unerbittlichen Versuch, ein kleines Hirtenvolk gottesfürchtiger Christen auszulöschen, den ersten Akt des Völkermords, der nur durchgeführt wurde, um die Kontrolle über die Bodenschätze unter dem Boden Südafrikas zu erlangen. Ja, es war der erste registrierte Völkermord gegen eine Nation. Führende Freimaurer wie Lord Palmer und Alfred Milner verübten ihn gegen das, was sie für eine "billige" (in den Worten von Cecil Rhodes) minderwertige Nation hielten, die weiße, christliche Nation der Burenbauern.

In diesem Krieg erlebten wir den ersten Einsatz von Konzentrationslagern und einen totalen Krieg gegen die Zivilbevölkerung (im Gegensatz zur Armee), bei dem 27.000 Frauen und Kinder starben. Der grausame

---

[2] *La Révolution Française, une étude de la démocratie*, Erstmals ins Deutsche übersetzt von Omnia Veritas, www.omnia-veritas.com

Krimkrieg war ein weiterer Meilenstein auf dem Weg der universellen Freimaurerei.

Der Abessinienkrieg, ein weiterer völkermörderischer Krieg, wurde einzig und allein mit dem Ziel angezettelt, Italien zu zerreißen und die katholische Kirche zu schwächen. Es war von Anfang bis Ende nichts anderes als eine Intrige der Freimaurerei. General Rodolfo Grazziani war ein führender Freimaurer, und die ganze Angelegenheit war eine Planung von Mazzini, einem Freimaurermeister und herausragenden Intriganten des Freimaurernetzwerks.

Es ist daher nicht verwunderlich, dass Mussolini 1922 die Freimaurerei in Italien verbot und einige ihrer Führer, wie Bartelemeo Torregiani, ins Exil schickte. Wie üblich reisten sie nach London, der Welthauptstadt für subversive und rebellische Bewegungen aller Art, wo die britische Presse versuchte, das britische Volk zu täuschen, indem sie berichtete, dass die italienischen Freimaurer "nicht willkommen" seien, um eine große Zeitung zu zitieren, die diese Geschichte 1931 veröffentlichte.

Bereits erwähnt: Der sogenannte Spanische Bürgerkrieg war ein Versuch, eine kommunistische Regierung zu installieren und die katholische Kirche in Spanien zu stürzen. Es handelte sich um eine weitere freimaurerische Verschwörung, egal aus welchem Blickwinkel man sie betrachtet. Die Freimaurer nutzten die zivilen Unruhen, die ihre Kräfte ausgelöst hatten, um einen wütenden und blutigen Angriff auf die katholische Kirche zu starten. Offizielle Statistiken zeigen, dass 50.000 Nonnen und Priester auf grausamste und unmenschlichste Weise ihr Leben verloren. Der Hass auf die katholische Kirche war so heftig, dass die sozialistischen Truppen in einer schrecklichen Aktion die Leichen von Nonnen und

Priestern ausgruben und sie in sitzender Position an den Wänden einer Kirche aufreihten, ihnen Kreuze in die Hände drückten und die Toten mit allen niederträchtigen Schimpfwörtern, die sie finden konnten, tadelten, anprangerten und verfluchten.

Da die westliche Presse damals wie heute in den Händen der Freimaurer war, erhielten die "Loyalisten" (die Kommunisten, deren einzige Loyalität Luzifer galt) die Unterstützung der Weltpresse. Während meines Studiums am British Museum habe ich die Presseberichterstattung über den Krieg gründlich gelesen und mir auch eine Reihe von "Nachrichtensendungen" und Dokumentarfilmen zu diesem Thema angesehen, insbesondere einige "Reportagen", die offensichtlich die Arbeit des Tavistock-Instituts waren.[3]

Ohne Ausnahme wurden die Feinde der Menschheit mit Lob, Beweihräucherung, Unterstützung und Trost überhäuft, während die Streitkräfte des christlichen Spaniens unter der Führung des christlichen Generals Franco Gegenstand all der unbegründeten Verleumdungen und Anschuldigungen der Brutalität waren, die unsere westliche Lügenpresse so gut ausarbeiten und umsetzen kann. Ich wage zu behaupten, dass, wenn Christus selbst die Streitkräfte des christlichen Spaniens angeführt hätte, es den Verkäufern der Presse auf die eine oder andere Weise gelungen wäre, selbst seine Bemühungen zu unterminieren!

---

[3] Siehe John Coleman *Das Tavistock-Institut*, Omnia Veritas Ltd, www.omnia-veritas.com.

KAPITEL 8

FREIMAURERISCHE MORDE AN WELTFÜHRERN

D as Komplott der Freimaurer, Erzherzog Ferdinand in Sarajevo zu ermorden, war erfolgreich, und der Erste Weltkrieg mit seiner schrecklichen Bilanz von Massakern an weißen Christen war das Ergebnis. Der Erste und der Zweite Weltkrieg waren das Ergebnis der Intrigen, Verschwörungen und Planungen der Freimaurer.

Ich habe bereits die Attentate auf die US-Präsidenten Lincoln, Garfield, McKinley und Kennedy erwähnt. Die von den Freimaurern verübten Morde beschränkten sich nicht nur auf die amerikanischen Präsidenten, sondern betrafen ein breites Spektrum an namhaften Persönlichkeiten der Geschichte.

Es gibt noch viele weitere Opfer der Freimaurer-Mörder, wie der Abgeordnete L. McFadden, Vorsitzender des Bankenausschusses des Repräsentantenhauses, der versucht hatte, die "Federal Reserve Bank", eine Privatbank, zu Fall zu bringen. Sie ist weder eine Bundes- noch eine Reservebank, sondern ein von der Freimaurerei kontrolliertes Instrument der Versklavung.

Es ist sicherlich allgemein bekannt, dass Paul Warburg, ein aus Deutschland stammender Freimaurer des 33 Grades, der Verfasser der Artikel ist, mit denen die amerikanische

Verfassung erfolgreich unterwandert wurde, indem 1913 die Banken der Federal Reserve gegründet wurden. Die Freimaurer im US-Senat sorgten dafür, dass er als "Gesetz" verabschiedet wurde.

Nur zwei der Verschwörer, die am 22. November 1910 in dem versiegelten Privatwaggon von Hoboken nach Jekyll Island vor der Küste Georgias fuhren, um die Banken der Federal Reserve zu planen, waren keine Freimaurer. In offiziellen Dokumenten finden sich nur wenige Hinweise auf diese Verschwörung zur Untergrabung der Verfassung. Selbst Colonel Mandel House (ein prominenter Freimaurer, der als Kontrolleur von Präsident Wilson fungierte, der das Gesetz über die Federal Reserve unterzeichnete) erwähnt sie nicht.

Wie üblich, wenn die vitalen Interessen des amerikanischen Volkes auf dem Spiel stehen, hält es die irregeleitete Presse wie die *New York Times* nicht für nötig, das amerikanische Volk über diese schändlichen Akte des Verrats zu informieren. Warum war das Jahr 1913 wichtig? Weil es ohne die Banken der Federal Reserve Bank für die Freimaurerei nicht möglich gewesen wäre, den Ersten Weltkrieg fortzusetzen! In diesem Krieg und im Zweiten Weltkrieg wurden die Munitionsfabriken, die den internationalen Bankstern (Wort für Banker und Gangster) gehörten, nie angerührt! Die "elastische" Währung der Federal Reserve Bank lieferte das Geld für den Waffenhandel, sodass Sie sicher sein können, dass niemand auf beiden Seiten des Konflikts so verrückt gewesen wäre, die Vermögenswerte der Banker, d. h. ihre Waffen- und Munitionsfabriken, zu zerstören.

Ich habe das Gefühl, dass die wahren "Internationalisten" die Waffenhändler der westlichen Länder sind. Diese unter der Führung der Freimaurer arbeitenden Männer haben zwei Ziele: Kriege zu schaffen und zu verlängern und den Frieden durch internationalen Terrorismus zu stören. Zweitens: Ausbeutung der Kriege, die ihrer Meinung nach folgen werden. Die Banken kennen keine nationalen Grenzen und schulden keinem Land Treue. Ihr Gott ist Luzifer.

Wenn möglich, besorgen Sie sich ein Exemplar von *Arms and the Men,* einem kleinen Buch, das vom Fortune Magazine herausgegeben wird, und lesen Sie es aufmerksam durch. Dann werden Sie eine klare Vorstellung davon haben, wer hinter dem internationalen Terrorismus steckt, und vielleicht noch wichtiger: den Beweis, dass die Freimaurerei die dämonische Kraft ist, die in der heutigen Welt ihr Unwesen treibt und für die Roten Brigaden (Nachfolger der freimaurerischen Terrorgruppe La Roja - Die Roten) und die vielen hundert organisierten Terrorgruppen, die auf der ganzen Welt ihr Unwesen treiben, verantwortlich ist!

Eine weitere der größten Erfolge und Errungenschaften der Freimaurerei ist der Einsatz künstlich induzierter Drogen und die rasante Verbreitung des "Handels" in der gesamten westlichen Welt. Die Rolle Chinas (Hauptlieferant von Rohopium) im Vietnamkonflikt bestand darin, die amerikanischen Truppen opiumabhängig zu machen, damit sie ihre Gewohnheit mit nach Amerika nehmen. In dieser Hinsicht war China erfolgreich. Statistiken zeigen, dass 15% der amerikanischen Streitkräfte in Vietnam heroinsüchtig geworden sind! Die Bosse des Drogenhandels sind hochrangige Freimaurer.

Wenn es Ihnen schwerfällt, das zu glauben, möchte ich Sie an die größten Opiumausbeuter erinnern, die die Welt je gesehen hat: die britische Regierung. Die offizielle Opiumpolitik der britischen Regierung für China brachte Millionen von Opium rauchenden Süchtigen hervor. Lord Palmerston, ein 33 Grad Freimaurer des schottischen Ritus, war für dieses heimtückische Geschäft verantwortlich. Die Gewinne aus diesem satanischen Geschäft finanzierten mindestens einen großen Krieg gegen Christus - den Anglo-Boarischen Krieg (1899-1902).

Was ist mit Prinzessin Grace von Monaco passiert? Ihr Auto steht noch immer unter Kontrolle auf dem Hof der Polizei in Monaco. Niemand darf es inspizieren. Und warum ist das so? Weil Grace von den Männern des Freimaurerordens P2 (der geheimste Zweig der italienischen Freimaurerei) ermordet wurde, um ihren Mann davor zu warnen, sich die Gewinne aus seinen Dopingoperationen in Kolumbien und Bolivien anzueignen!

Die Gesetzlosigkeit des Obersten Gerichtshofs der Vereinigten Staaten ist freimaurerisch inspiriert. Der gesetzlose Oberste Gerichtshof hat Amerika die Abtreibung beschert, ein höfliches Wort für den Massenmord an mindestens 50 Millionen unschuldigen, wehrlosen Babys, die nicht in der Lage sind, sich selbst zu schützen! Der allmächtige Gott möge uns verzeihen, dass wir Luzifer erlaubt haben, ungeborene Kinder zu ermorden.

König Herodes war ein berüchtigter Kindermörder, aber die Abtreibungsfabriken lassen ihn im Vergleich dazu wie einen Heiligen aussehen. Sind die abtreibungsfreundlichen Richter, die die Bänke des Obersten Gerichtshofs wärmen, besser als Herodes? Die Anarchie des Obersten Gerichtshofs, der die Gebete aus unseren Schulen verbannt, ist ein weiterer Triumph der Freimaurerei. Luzifer ist die

Inkarnation der Anarchie, und der von Freimaurern kontrollierte Oberste Gerichtshof der Vereinigten Staaten führt sein anarchisches Programm in den heutigen Vereinigten Staaten aus.

Ich werde mich über die Wolkenhöhen erheben und wie der Höchste sein (Jesaja, Kapitel II, Vers 14).

Genau das hat der Oberste Gerichtshof der Vereinigten Staaten getan. Er hat sich über die beiden größten Dokumente, die je geschrieben wurden, die Bibel und die Verfassung der Vereinigten Staaten, gestellt! Solange wir diese schreckliche Situation nicht beheben, werden die Vereinigten Staaten weiter nach unten abdriften und schließlich wie eine reife Pflaume in die Hände der von Luzifer kontrollierten Weltverschwörung fallen, die wir als Freimaurerei bezeichnen. Im Buch Genesis, Kapitel 3, Vers 15, lesen wir, dass Gott Luzifer den Krieg erklärt hat. Dieser Konflikt findet in diesem Moment statt. Was tun wir dagegen?

Verbringen wir unsere Zeit damit, uns vom Show-Sport im Fernsehen betäuben zu lassen, oder tun wir unseren Teil, um unsere amerikanischen Mitbürger zu warnen, dass der Untergang dieser großartigen Nation unmittelbar bevorsteht? Wenn wir nicht aus unserem blinden Schlummer erwachen und uns Gottes Krieg gegen Luzifer anschließen, sind wir als Soldaten Christi nur von geringem Wert.

Jesus sagte, dass Kain der erste irdische Gesetzlose war. Die Freimaurerbewegung ehrt Kain mit ihrem Codewort Tubal Kain. Die Freimaurerei kann nicht mit dem Christentum koexistieren. Entweder wird die Freimaurerei triumphieren oder das Christentum wird sie vernichten. Die Ermordung

Christi war die illegalste Tat, die jemals im Universum begangen wurde, doch die Freimaurerei applaudierte ihr. Eine ihrer großen Persönlichkeiten, Proudhon, sagte:

> Gott ist Feigheit, Torheit, Tyrannei, das Böse. Für mich dann Luzifer, Satan!

Der Kommunismus ist eine freimaurerische Verschwörung, die darauf abzielt, Luzifers Reich voranzutreiben und Gottes Plan für sein Volk auf der Erde zu missachten. Wenn wir diese Dinge erkennen, werden viele Puzzleteile beginnen, sich zusammenzufügen.

Die Art von Bildung, die wir in unseren Schulen und Universitäten erhalten, wird uns nicht in die Lage versetzen, diese Übel zu bekämpfen, da uns das Wissen über diese Dinge von unseren Bildungskontrolleuren bewusst vorenthalten wird.

Sie werden an unseren Universitäten nichts darüber finden, dass die Federal Reserve Bank eine illegale und private Einrichtung ist. Sie werden auch nichts über die geheime Regierung der Vereinigten Staaten, das Komitee der 300 und seinen Rat für Auswärtige Beziehungen finden, die diese große Nation verraten und in die Hände einer einzigen Weltregierung ausliefern - die Neue Weltordnung. Dies ist ein Plan der Freimaurer und Teil ihrer universellen Bemühungen, das Christentum vollständig zu zerstören und vom Angesicht der Erde auszulöschen.

Das ist der ultimative Akt der Anarchie. Denken Sie daran, dass Christus gekommen ist, um uns vom babylonischen Gesetz zu befreien, auf dem die Freimaurerei beruht. Christus sagte, dass Satan ein Gesetzloser ist, weil er illegal, d. h. ohne Körper, auf die Erde gekommen ist. Aus diesem

Grund musste Christus von einer Frau geboren werden, um legal auf der Erde sein zu können.

Nur diejenigen, die einen Körper haben, sind legal auf der Erde. Satan ist durch die Hintertür in diese Welt gekommen. (Christus sagte in den Gleichnissen, er sei über die Mauer geklettert.) Wegen Satan, den die Freimaurer anbeten, sind die Vereinigten Staaten in eine verzweifelte Lage geraten. Vielleicht sind Sie ein Freimaurer in den unteren Graden und sagen: "Ich bin seit vielen Jahren Freimaurer und so etwas passiert in unserer Loge nie".

Ihnen und anderen wie Ihnen möchte ich sagen: "Ihr seid getäuscht worden". Die große Mehrheit der Freimaurer wird nie darüber informiert, was im 33 Grad vor sich geht.

Wie Eckert schon sagte:

> Ich habe gesagt und wiederhole, dass viele Freimaurer, selbst in den Freimaurergraden, die verborgene Bedeutung der Symbole nicht ahnen, die sie für das verwenden, was in den höchsten Graden gelehrt und praktiziert wird.

Eine andere Autorität in Sachen Freimaurerei, Dom Benedikt, erklärte:

> Der reformierte Palladium-Ritus hat als grundlegende Praxis und Ziel die Anbetung Luzifers und ist voll von Unheiligkeiten und allen Schandtaten der schwarzen Magie.
>
> Nachdem sie sich in den Vereinigten Staaten etabliert hatte, drang sie nach Europa ein und macht jedes Jahr erschreckende Fortschritte. Ihr gesamtes Zeremoniell ist, wie man sich vorstellen kann, voll von Lästerungen gegen Gott und unseren Herrn Jesus Christus.

Müssen wir noch mehr sagen?

KAPITEL 9

ZUVOR VERNACHLÄSSIGTE TATSACHEN

D as einzige, was wir über die Freimaurerei nicht ignorieren können, ist, dass es sich um eine subversive Bewegung handelt. Die Freimaurerei bedeutet vielen Menschen eine Menge, aber der rote Faden, der sich durch die Geschichte der Freimaurerei zieht, ist ihr ständiges Merkmal der Geheimhaltung zu ihrer Sicherheit. Alle Geheimgesellschaften sind subversiv, einige sind auch okkult und politisch, aber diese Tatsachen werden vor dem Hauptkörper der Freimaurer, die selten über den vierten Grad hinausgehen, verborgen.

Die Freimaurerei ist eine Organisation, die das Geheimnis liebt und diejenigen hasst, die versuchen, ihr inhärentes Übel aufzudecken. Sie hat einen Geheimnisfetischismus. Die Freimaurerei muss über sich selbst aufgeklärt werden. Ein Tag der offenen Tür wäre für die Bewegung selbstmörderisch. Das Ziel dieses Buches ist es, ein wenig Licht auf die Freimaurerei zu werfen, die so stark mit den Jesuiten und dem Schwarzen Adel verflochten ist, dass es unmöglich wäre, die Freimaurerei isoliert und ohne einige Verweise auf ihre Mitverschwörer zu diskutieren.

Dies wird im Laufe der Fortsetzung meines Buches deutlich werden. Das sogenannte freimaurerische Glaubensbekenntnis wird von Leo Tolstoi recht gut beschrieben. Obwohl er selbst kein Freimaurer war, gab er einen klaren Bericht, der durch etwas zu viel Sympathie für die Freimaurerei und einige ihrer Prinzipien nuanciert wurde.

Tolstoi detailliert mit der "Bruderschaft" (dem Grundstein der Freimaurerei, der Illuminaten und des Kommunismus) wie folgt:

> Nur wenn Stein auf Stein gesetzt wird, mit der Zusammenarbeit aller Millionen Generationen, von unserem Vorfahren Adam bis heute, wird der Tempel errichtet, um eine würdige Wohnstätte für den großen Gott zu sein.

Er sagt uns nicht, dass der Buchstabe "G", das Symbol der Freimaurerei, für den Gnostizismus und nicht für Gott steht. Tolstoi fährt fort und sagt

> Der erste und wichtigste Zweck unseres Ordens, das Fundament, auf dem er ruht und das keine menschliche Macht zerstören kann, ist die Bewahrung und Weitergabe eines Geheimnisses, von dem vielleicht das Schicksal der Menschheit abhängt, seit den frühesten Zeitaltern, seit dem ersten Menschen selbst. Da dieses Geheimnis jedoch so beschaffen ist, dass niemand es kennen oder nutzen kann, ohne durch eine lange und fleißige Selbstreinigung darauf vorbereitet worden zu sein, kann nicht jeder hoffen, es schnell zu erreichen; daher ein sekundäres Ziel: unsere Mitglieder so weit wie möglich darauf vorzubereiten, ihre Herzen zu reformieren, ihren Geist zu reinigen und zu erleuchten, und zwar mit den Mitteln, die uns die Tradition überliefert hat.

Genau das ist das Ziel der Illuminaten und vieler anderer Geheimgesellschaften wie der Rosenkreuzer und der

Jesuiten. Der schwarze Adel glaubt, dass er irgendwie mit einem besonderen Wissen ausgestattet und dazu auserwählt wurde, "seit der Antike" zu herrschen.

Auf diese Weise lassen sich die gemeinsamen Nenner zwischen der Freimaurerei und den anderen okkulten Geheimgesellschaften erkennen, von denen die Welt derzeit so schwer heimgesucht wird. Die Tatsache, dass die Freimaurerei gänzlich eine dunkle Lüge ist, lässt sich aus den Worten Christi ableiten, der sagte

> ... dass die Menschen die Finsternis (die geheimen Orte) mehr lieben als das Licht, weil ihre Taten böse sind.

Es ist die Vorstellung einer langjährigen Tradition und einer grundlegenden Bedeutung, die der Freimaurerei ihre Motivation verleiht. Alle Geheimorden, sogar die ägyptische Priesterschaft, wurden zusammengehalten und erhielten Macht und Autorität aufgrund der Annahme, dass sie geheime Dinge wussten, die gewöhnliche Menschen nicht wussten. Wieder Tolstoi:

> Das dritte Ziel ist die Regeneration der Menschheit.

Es handelt sich dabei um die sieben Stufen des salomonischen Tempels. An dieser Stelle möchte ich erwähnen, dass Salomo wahrscheinlich der größte Zauberer war, der je gelebt hat. In der Neuzeit wurde ein junger Roma, der in den USA geboren wurde und dort lebte und sich David Copperfield nannte, als großer Zauberer berühmt. Roma-Zigeuner sind seit langem als Praktiker von Zaubertricks bekannt, und Copperfield erreichte große Höhen, bevor seine Karriere wegen seiner Verhaftung wegen Vergewaltigung zusammenbrach. Weil ich glaube, wie es auch das Alte Testament behauptet, dass das

Christentum nicht auf einem magischen Fundament ruht, neige ich dazu, die Weisheit Salomos als wenig einflussreich auf die Lehren Christi zu ignorieren. Meine persönliche Meinung ist, dass das Christentum nicht vollständig vom Alten Testament abhängt. Das Christentum begann tatsächlich mit Christus aus Galiläa. Christus war weder aus Jerusalem, noch aus Salomon, noch aus der davidischen Linie. Daher müssen Christen die Vorstellung, dass die Freimaurerei auf dem Christentum beruht, von vornherein als Propaganda abtun, weil sie so viel von Salomo spricht.

Wenn wir uns mit diesem Punkt beschäftigen, werden wir ein besseres Verständnis sowohl der Freimaurerei als auch des Christentums erlangen. Meine persönliche Meinung ist, dass Christus seinen Dienst zunächst auf Galiläa beschränkte, aber von seinen Anhängern überredet wurde, einen missionarischen Kreuzzug nach Jerusalem zu unternehmen. Es war nicht lange nach seiner Missionsreise in diese Stadt, dass der Sanhedrin ihn zur Kreuzigung verurteilte. Ich glaube nicht, dass Salomos Zaubertricks in irgendeiner Weise mit dem Christentum zu tun haben, ebenso wenig wie die Freimaurerei. Ich frage mich, wie viele von uns jemals innegehalten haben, um sich über die engen Verbindungen zwischen Freimaurern und Tempeln zu wundern.

Die sieben Stufen des salomonischen Tempels bedeuten angeblich:

- ❖ Diskretion
- ❖ Gehorsam
- ❖ Moral
- ❖ Die Liebe zur Menschheit
- ❖ Mut

- ❖ Großzügigkeit
- ❖ Liebe
- ❖ Todesfälle

Erneut möchte ich Ihre Aufmerksamkeit auf die Zunahme von Beerdigungsszenen in fast allen Hollywoodfilmen und im Fernsehen in den letzten 20 Jahren lenken. Ich weise Sie darauf hin, dass damit jedem von uns eine sorglose Haltung gegenüber dem Tod eingeimpft werden soll, was in direktem Gegensatz zur Lehre Christi steht, der sagte, dass der Tod der letzte Feind ist, den es zu besiegen gilt. Wenn wir anfangen, den Tod als ein bloßes Nichts zu betrachten, läuft die Zivilisation Gefahr, in die Barbarei zurückzufallen.

Wenn wir uns daran gewöhnen, den Tod beiläufig hinzunehmen, wird unser Bewusstsein (hoffentlich) abgestumpft - der normale bewusste Schrecken von Massenmorden wird schließlich einem Gefühl der Sorglosigkeit weichen. Ich unterstelle Ihnen, dass wir alle einer ständigen Gehirnwäsche unterzogen werden. Denken Sie daran, wenn Sie das nächste Mal einen Film sehen, der die fast obligatorische Szene der Beerdigung am Rande des Grabes enthält. Die Absicht dahinter ist, einen Mangel an Respekt für die Individualität eines jeden von uns zu erzeugen. Wir sind keine Masse von Menschen, wir sind Individuen.

Eine leichtfertige Annahme des Todes widerspricht den Lehren Christi und entspricht den Lehren der Freimaurer sowie den Lehren einer großen Zahl anderer Geheimgesellschaften, deren Charakter und Ziele ausgesprochen satanisch sind. Frank King, der Autor eines bemerkenswerten Buches über Cagliostro, den Freimaurer, der den ägyptischen Ritus der Freimaurerei "entdeckt" haben soll, behauptet, dass die von Cagliostro durchlaufene Initiationszeremonie "derjenigen sehr ähnlich war, die heute in den Freimaurerlogen stattfindet". Sie umfasste mehrere harmlose, aber unwürdige Szenen, die den Kandidaten beeindrucken sollten.

Der Eingeweihte wird an der Decke hochgezogen und hängen gelassen, was seine Hilflosigkeit ohne göttliche Hilfe bedeutet. Er wird mit einem Dolch erstochen, dessen Klinge in den Griff einbricht, um das Schicksal zu unterstreichen, das ihm droht, wenn er die Geheimnisse des Ordens verrät. Er musste, seiner Kleidung beraubt, niederknien, um seine Unterwerfung unter den Logenmeister zu zeigen. Cagliostro, ein großer Magier, stößt bei einem Besuch in London auf ein Buch, das sich mit dem Ägyptischen Ritus befasst. Das Buch ist von George Gaston. Es beeindruckt Cagliostro so sehr, dass er beginnt, es zu fördern, es "Der Ägyptische Ritus der Freimaurerei" nennt und es als sein eigenes beansprucht. Cagliostro behauptete, der ägyptische Ritus sei feierlicher und älter als die reguläre Freimaurerei. Er stellte seine "Entdeckung" als einen "Höheren Orden der Freimaurerei" dar, der nur Freimaurern ab dem 25 Grad offen steht. Wie der ursprüngliche Autor Gaston behauptete Cagliostro, dass die Gründer des Ägyptischen Ritus Elias und Henoch waren und dass wie diese die Mitglieder des Freimaurerordens des Ägyptischen Ritus niemals sterben würden, sondern nach dem Tod "transportiert" würden und jedes Mal aus der Asche wieder auferstehen würden, um zwölf Leben zu leben.

Es besteht kaum ein Zweifel daran, dass die "geläuterten" Freimaurer die Aussicht, nicht sterben zu müssen und mit zwölf Leben ausgestattet zu sein, sehr angenehm fanden, sodass es eine Reihe von Konvertiten zu Cagliostros neuem, oder sollte ich sagen altem Orden gab, darunter Marschall Von der Recke und Gräfin Von der Recke aus dem schwarzen Adel, deren Familien auf die venezianischen Schwarzen Guelfen zurückgehen. Der außergewöhnliche Cagliostro, ein Meistermagier und der "Salomon" seiner Zeit, wurde 1776 in die Loge Esperance der Freimaurer Kings Head in London aufgenommen. Nach 14 Monaten in London machte er sich auf den Weg, um in Rom vor der Nase seiner katholischen Feinde für seinen "neuen" Ritus zu werben, und wurde prompt vom Papst verhaftet. Wenn wir nichts weiter über die Freimaurerei wüssten, wäre bereits klar, dass die Freimaurerei ein direkter Nachfahre der orphischen und pythagoreischen Kulte ist und nichts mit dem Christentum zu tun hat, geschweige denn mit der Anbetung Gottes, was uns die Freimaurerei, wie gesagt, verschweigt, während sie stolz behauptet, dass der Buchstabe "G" für Gott steht. Wenn die Freimaurerei auf dem Christentum gegründet wäre, würde sie die katholische Kirche nicht mit so viel Wut und Gewalt hassen.

KAPITEL 10

DIE KATHOLISCHE KIRCHE: ERZFEIND DER FREIMAUREREI

D ie katholische Kirche hat die Freimaurerei seit den ersten Tagen ihrer Geschichte als von Natur aus böse angeprangert. Die protestantische Kirche hingegen, insbesondere ihr anglikanischer Zweig, hat die Freimaurerei nicht nur offen toleriert, sondern in einer Reihe von Fällen bekleiden einige Mitglieder der Hierarchie der anglikanischen Kirche hohe Ämter in der Freimaurerei. Es gibt zahlreiche Fälle, in denen anglikanische Priester die geheimsten und wichtigsten Logen kontrollieren, darunter die Quator Coronati Lodge in London und die berüchtigte Nine Sisters Lodge[4] im 15 Arrondissement von Paris. Die Freimaurerei hat verächtlich erklärt, dass sie den Protestantismus nicht fürchtet und ihn als Bastard-Sprössling des Katholizismus, ihres tödlichen und furchterregenden Feindes, betrachtet.

Die protestantische Kirche kann sich der Verbreitung der Freimaurerei nicht wirksam widersetzen. Die Freimaurerei lehrt wie eine Tatsache, dass die Freimaurerei die einzige brauchbare Alternative zum Katholizismus ist, die Mazzini (ein führender Freimaurer, der eine so entscheidende Rolle beim Ausbruch des amerikanischen Bürgerkriegs spielte)

---

[4] Die berühmte Loge der Neun Schwestern, der angeblich Benjamin Franklin angehörte, NDT.

aufs Schärfste anprangerte. Es ist vollkommen richtig zu sagen, dass die Freimaurerei die protestantische Kirche schlichtweg ignoriert.

Ein Maurer aus dem 33 Grad vertraute mir an:

> Wir sind heute die größte Religion der Welt. Wir sind älter und weiser als die katholische Kirche, weshalb sie uns so sehr hasst. Der Mensch, der sich uns anschließt, hat das Gefühl, Mitglied einer fundamentalen Religion einer Geheimgesellschaft zu sein, die die ältesten Geheimnisse der Kräfte des Lebens und des Universums hütet. Wir haben nicht das Problem, das eine organisierte Religion hat, nämlich wie wir ihre Anhänger mit dem tiefen Sinn für das Ziel inspirieren, das wir unseren Mitgliedern einimpfen. Schauen Sie sich die Katholiken in Afrika und Südamerika an. Würden Sie sagen, dass sie von einem tiefen Gefühl der Nützlichkeit, der Zugehörigkeit durchdrungen sind?

Natürlich machte sich mein Freund, ein Freimaurer, nicht die Mühe, mir zu erklären, dass die Freimaurerei auf Täuschung beruht, da ihr eigentliches Ziel die Anbetung Luzifers ist. In Fortsetzung seiner Propagandabemühungen mir gegenüber (er war tatsächlich dabei, mir die Mitgliedschaft in seiner Loge anzubieten), sagte er:

> Der Eingeweihte, den wir aufnehmen, geht mit dem Gefühl eines wohlgeordneten Universums hinaus, in dem seine eigenen Ziele und Zwecke plötzlich klar definiert sind. Eine Tradition, die bis auf Adam zurückgeht, steht hinter ihm. Die Vorstellung von der Bruderschaft der Menschen vermittelt ihm ein neues Gefühl der Zugehörigkeit zur Menschheit. Außerdem ist die Welt voller wohlwollender Freimaurer-Brüder, die ihn nicht untergehen lassen werden. Dies ist natürlich eine wichtige

Attraktion, die der christlichen Kirche völlig entgeht. Solange die christliche Kirche nicht lernt, sich in praktischer und alltäglicher Hinsicht um die Menschen, um einander zu kümmern, wird das Christentum weiter verkümmern.

Es besteht kein Zweifel daran, dass in jedem von uns ein starker Wunsch, ein Verlangen danach besteht, dass unsere körperlichen Bedürfnisse befriedigt werden. Sicherheit steht an erster Stelle, und mein Freund, der Freimaurer, hat sicherlich Recht. Während Billy Graham und seine "Televangelisten"-Kollegen sich offensichtlich sehr gut um ihre eigenen Bedürfnisse kümmern, wird für die Kernmitglieder ihrer Dienste auf der konkreten Ebene überhaupt nicht gesorgt. Unter den Christen herrscht ein völliger Mangel an brüderlicher Liebe und Interesse an anderen Menschen. Niemand kann die Existenz eines solch eklatanten Mangels und die Ernsthaftigkeit des Problems leugnen. In dieser Hinsicht könnten wir uns an der Freimaurerei orientieren, die sich gut um ihre Mitglieder kümmert. Wie auch immer die inzestuöse Beziehung zwischen der Freimaurerei, dem schwarzen Adel und den Jesuiten aussieht, ihr gemeinsamer Wunsch und ihr gemeinsames Ziel ist es, die bestehende Ordnung zu stürzen und das Christentum zu zerstören. Ob wir nun katholisch oder protestantisch sind, es ist unsere Pflicht, uns mit aller Kraft gegen ihr Ziel zu wehren. Alle großen Verschwörungen sind zementiert und miteinander verbunden, dynamisiert durch starke ideologische Motive - im Fall der Freimaurerei durch einen gemeinsamen Hass auf das Christentum. Wir können in ihre "Hassliste" den Hass auf die wahren Ideale der Republik und der Nationalstaaten aufnehmen.

Was haben die Verschwörer abgesehen von dem oben

Gesagten gemeinsam? Die Antwort ist, dass sie zu hundert Prozent von dem immensen Reichtum "alter Familien" und dummerweise sogar von einigen Königshäusern unterstützt werden. In Amerika erhalten sie die volle Unterstützung des CFR, eines Nachfahren des Essex Junto, eines der Verschwörerkorps, die den Bürgerkrieg auslösten und die es mit Hilfe der reichsten Familien Bostons fast geschafft hätten, die Union zu zerschlagen. Die Nachkommen der ältesten und angesehensten Familien Bostons setzen das Werk der Essex Junto fort und versuchen, die Vereinigten Staaten zu zerschlagen - und sie werden dabei von einigen der reichsten Bankendynastien der Welt unterstützt.

Diese Verräterbande hat eine Verbündete im Vatikan, eine gewisse Clarissa McNair, die auf Radio Vatikan antiamerikanische Propaganda verbreitete. Sie wurde von einer Reihe wichtiger Freimaurer geschützt, sodass es ihr gelang, den Zorn des Papstes zu überleben.

Die Destabilisierung Polens, die den Boden für die geplante Invasion bereitete, wurde von dem von den Jesuiten ausgebildeten Freimaurer Zbigniew Brzezinski betrieben, der "Solidarität"[5] , die Scheingewerkschaft, "gründete", nur um die Regierung von General Jaruzelski zu destabilisieren. Der Papst erklärte, dass er, Lech Walesa, nur ein Werkzeug in den Händen größerer Kräfte sei. Nach ihrem Treffen verschwand Walesa von der politischen Bühne. Mit ein oder zwei Ausnahmen sind die meisten Päpste Feinde der Freimaurerei und stellen sich konsequent gegen die Jesuiten. Papst Johannes Paul II. löste in Jesuitenkreisen Bestürzung aus, als er die Jesuitengegnerin Paola Dezzi zur Ordensvorsitzenden ernannte. "Ich werde die Ordnung in

---

[5] Solidarnosc auf Polnisch, NDT.

den Orden zurückbringen", erklärte der Papst.

Die oben genannten Fälle - Polen und die Opposition gegen die Jesuiten - sind nur zwei von vielen, in denen Päpste in Schlachten mit der Freimaurerei verwickelt waren. Nur sehr wenige Menschen wissen etwas über die diplomatischen Bemühungen von Papst Johannes Paul II. - wie seine wiederholten Warnungen an Amerika, seinen blinden pro-israelischen Ansatz in der Nahostpolitik aufzugeben, eine Haltung, die nach Ansicht des Papstes zum Dritten Weltkrieg führen wird.

Polen ist nicht der einzige Fall von absichtlichem Verrat in der westlichen Regierung seit dem Zweiten Weltkrieg. Ich erinnere mich, dass es ein gewisser Klugman war, der die Verräter, Agenten des britischen MI6 namens Burgess, McLean und Philby, in den Dienst des KGB inthronisierte. Philby, seit jeher Freimaurer, erhielt seinen Posten beim SIS (Special Intelligence Service) von Sir Stuart Menzies, einem Freimaurer des schottischen Ritus und ehemaligen Direktor des SIS. Anthony Blunt, Schwanenwärter der Königin und außergewöhnlicher Spion, begann seine Karriere als Verräter, nachdem er sich den Freimaurern angeschlossen hatte.

Während seiner gesamten Karriere wurde Blunt von hochrangigen Männern im SIS geschützt, Freimaurergesellen, die sich wie er der Sache der Freimaurerei verschrieben hatten. Der SIS ist durchsetzt mit Maulwürfen der KGB-Freimaurer. Eine weitere skandalöse Tatsache ist, dass Scotland Yard von oben bis unten von Freimaurern des Schottischen Ritus geleitet wird. Die Freimaurerei bedient sich subtiler Kontrollmethoden. In der Frühzeit ihrer Geschichte war dies nicht immer so. Sie war eher geneigt, reine Gewalt einzusetzen, um ihre Ziele zu erreichen, als dies heute der Fall ist. Ein wirklich bemerkenswertes Beispiel für das, wovon ich spreche, betrifft den bereits erwähnten Cagliostro. Cagliostro wurde des Diebstahls angeklagt, als ein sizilianischer Marquis, ein Freimaurer im 33 Grad, die Verhandlung unterbrach, indem er auf den Staatsanwalt sprang und ihn zu Boden schlug. Die Anklage gegen Cagliostro wurde schnell fallengelassen. Diese Erzählung wurde von der Freimaurer-Autorität W.R.H. Towbridge und von Goethe überprüft. Heute wenden die Jesuiten des Schwarzen Adels-Freimaurers keine direkte Gewalt an, außer um fehlbaren Mitgliedern eine warnende Lektion zu erteilen, wie wir an der rituellen Erhängung von Roberto Calvi und dem Tod von Grace Kelly sehen können. Calvi war der Direktor der Banco Ambrosiano, der sich schuldig gemacht hatte, mehrere Millionen an Maurergeld verloren zu haben. Er floh nach England, um seine Freunde um Schutz zu bitten, geriet dort jedoch in eine tödliche Falle. Er wurde von den Freimaurern nach ihrem Ritual gehängt. Wenn sich die Gelegenheit bietet, schrecken die Freimaurer auch vor Gewalt nicht zurück. Die blutigen Schwüre, die in jedem Grad geleistet werden, sind brutal und abstoßend.

Der Autor John Robinson sagt in seinem Buch *Born in Blood:*

> ... Die Zunge herausgerissen zu bekommen, das Herz aus der Brust gerissen zu bekommen, den Körper in zwei Hälften zu schneiden, wobei die Eingeweide zu Asche werden, scheint buchstäblich eine Überbietung zu sein und verstößt gegen das Gesetz jedes Landes, in dem die Freimaurer tätig sind, sowie gegen alle Religionen, die die Freimaurer in Brüderlichkeit willkommen heißen.

John Quincy Adams, der der sechste Präsident der

Vereinigten Staaten war, lehnte die Freimaurerei besonders und vehement ab.

Wie Robinson in seinem Buch schreibt:

> Adams ließ keine Gelegenheit aus, die Freimaurerei zu verurteilen. Er appellierte an alle Freimaurer, den Orden aufzugeben und dazu beizutragen, ihn ein für alle Mal abzuschaffen, da er mit einer christlichen Demokratie völlig unvereinbar sei. Er schrieb so viele Briefe gegen die Freimaurerei, dass sie ein ganzes Buch füllen könnten. In einem Brief an seinen Freund Edward Ingersoll vom 22. September 1831 fasste der ehemalige Präsident seine Haltung zu den Freimaurerei-Eiden und deren Auswirkungen auf die Bruderschaft zusammen.

Historiker und Experten für Freimaurerei und die amerikanische Verfassung sind sich nicht einig, ob die Behauptung, die Freimaurerei habe sich bei den Gründervätern eingenistet, auch in der jungen Republik fest verankert blieb. Die endgültige Fassung der Verfassung wurde von vielen klugen Köpfen verfasst, aber es wurde nachgewiesen, dass die Freimaurer den größten Teil davon verantworteten.

Thomas Jefferson, dessen Prosa den größten Teil des Dokuments ausmacht, war jedoch stark gegen die Freimaurerei eingestellt. Die anderen Hauptautoren waren George Washington, Benjamin Franklin und John Adams. Obwohl Adams kein Freimaurer war, hätte er Washington und Franklin zugestimmt. Jefferson blieb der Eindringling. Aber wie schon bei Cagliostro kümmert sich die Freimaurerei immer um ihre eigenen Leute.

Die "wundersame Flucht" des italienischen Freimaurers P2

Lucio Gelli aus einem Schweizer Hochsicherheitsgefängnis belegt dies ebenso wie die außerordentliche Macht der Freimaurer. Gelli lebt in Spanien und wird weder von der Schweizer Polizei noch von Interpol, dem Überbleibsel von Reinhart Heydrich, behelligt. Das Seltsame an Gelli ist, dass er während des gesamten Zweiten Weltkriegs eng mit Mussolini zusammenarbeitete, obwohl dieser gegen die Freimaurerei war.

Vielleicht liegt es daran, dass Gelli sich im Alter von 17 Jahren freiwillig in einem von Mussolini gebildeten Expeditionskorps gemeldet hatte, das zur Bekämpfung der Kommunisten nach Spanien geschickt wurde.

Später trat er der CIA bei. Im März 1981 führte die Polizei eine Razzia in Gellis Wohnsitz durch und fand zahlreiche Dokumente, die zeigten, dass er mit Roberto Calvi von der sogenannten "Vatikanbank", also mit der Mafia, zusammengearbeitet hatte. Kardinal Casaroli erklärte später, dass die Vatikanbank um Millionen von Dollar betrogen worden sei.

KAPITEL 11

DIE FREIMAURERISCHEN VERBINDUNGEN VON INTERPOL

Ich fragte mich, warum die westlichen Nationen Interpol, eine ehemalige Nazi-Einrichtung, nutzen und gleichzeitig Deutschland dafür verurteilen, dass es sich im Zweiten Weltkrieg verteidigt hat, bis ich herausfand, dass Interpol ein freimaurerisches Spionagenetzwerk ist, das Jagdrevier der Freimaurer, Jesuiten und des schwarzen Adels. David Rockefeller macht von Interpol, das er in den Nachkriegsjahren buchstäblich unverändert von Deutschland gekauft hat, regen Gebrauch, um rechtsgerichtete Gruppen in den USA zu überwachen, die eine Bedrohung für den Council on Foreign Relations (CFR) darstellen könnten.

Die Geschichte, die ich untersucht habe und die man nicht in Ihren üblichen Geschichtsbüchern findet, offenbart, dass der Schottische Ritus immer an der Spitze vieler Geheimgesellschaften stand und steht, die die Welt heimsuchen. Der Schottische Ritus der Freimaurerei begann als Kult der Mobeds, die manchmal auch als die Magier bezeichnet werden. Simon Magus war ein Mitglied der Mobeds. Es war Simon Magus, der den Kult des Gnostizismus zu einer antichristlichen Kraft erhob, die er dann nach Rom brachte, um den Aktivitäten des Heiligen Petrus und Philo von Alexandria entgegenzuwirken.

Aus dem Gnostizismus entstand der Hass auf das Christentum, die Nation, die Staaten und die republikanischen Ideale, um schließlich in den Lehrkörper aller Geheimgesellschaften destilliert zu werden, die wir als Freimaurerei kennen. Im Zentrum der Freimaurerei steht der schottische Ritus, in dem Luzifer in den höheren Graden geehrt und angebetet wird. Die britische Aristokratie zwang ihn Amerika auf, mit verheerenden Folgen für die junge Republik. Großbritannien wird vom unheiligen Schottischen Ritus regiert, dem Erben der Präraffaeliten-Bruderschaft der okkultistischen Tempelritterkulte und von John Ruskins Isis und Osiris. Die Rosenkreuzer sind eine Schöpfung der Jesuiten Robert Fludd und Thomas Hobbes, Sekretär des Geheimdienstagenten Bacon, und haben die Gründungsprinzipien des Schottischen Ritus aufgestellt.

Die Gründung des Schottischen Ritus der Freimaurerei wurde von Sir William Petty überwacht, dem Großvater des berühmten Earl of Shelburne, des Orchestrators der von der Schweizer Oligarchie angeführten und von London kontrollierten blutigen Revolution, die wir als Französische Revolution kennen. Der Jesuit setzte Robert Bruce auf den schottischen Thron und ernannte ihn zum Oberhaupt des schottischen Ritus. Die Cecils, die seit der Zeit von Königin Elisabeth I. die Herrscher Englands dominieren, sind an der Verschwörung beteiligt. Die Cecils sind direkt mit dem venezianischen Haus des Schwarzen Adels von Guelph verbunden. Um alle Einzelheiten über die Cecils zu erfahren, besorgen Sie sich bitte ein Exemplar meiner Monografie *King Makers, King Breakers: The Cecils*.

Die geheime Geschichte des republikanischen Amerikas ist voll von Namen notorischer Verräter, die Mitglieder des Schottischen Ritus waren und sich gegen die junge Republik stellten. Albert Gallatin, ein Schweizer Spion aus dem schwarzen Adel, Albert Pike, ein degenerierter und liederlicher Amerikaner, und Anthony Merry, der neue britische Botschafter, der 1804 von dem Freimaurer des Schottischen Ritus, dem englischen Premierminister William Pitt, in die Vereinigten Staaten geschickt wurde, verschworen sich mit Timothy Pickering, Senator James Hillhouse und William Plummer, um New Hampshire von der Union abspalten zu lassen. Merry gab sich als unerfahrener Diplomat aus, war aber in Wirklichkeit ein hochrangiger Freimaurer-Agent, der auch an ähnlichen Sezessionsverschwörungen in New Jersey, Pennsylvania und New York beteiligt war.

William Eustas war der Kandidat, den der Schottische Ritus aufstellte, um die Kandidatur von John Quincy Adams für einen Sitz im Kongress zu schlagen. Die Freimaurer machten keinen Hehl aus ihrer Mitschuld am Sieg von Eustas über Adams. Jahre zuvor hatte ein anderer Freimaurer, Grenville, das Briefmarkengesetz durchgesetzt.

Das von den Freimaurern kontrollierte britische Parlament aktivierte das Statut von Heinrich VIII, das es den Briten erlaubte, jede Person aus der amerikanischen Kolonie nach England zu bringen, die entschlossen war, das junge Land dem Joch von König Georg III. zu entziehen, selbst wenn dies bedeutete, dass man dafür Krieg führen musste.

Die Mutterloge der Welt des Schottischen Ritus, die von der verhassten Oligarchie der Feinde der jungen Republik in Charleston, South Carolina, gegründet worden war, hatte als einen ihrer wichtigsten Boten einen gewissen Moses Hayes, einen Geschäftsmann der Tories, der als Überbringer von Richtlinien und Botschaften des Schottischen Ritus zwischen allen Staaten reiste. Hayes weigerte sich, den Treueeid zu leisten, als der Krieg ausbrach. Die sehr mächtige First National Bank of Boston wurde von Hayes, Arthur Hayes Sulzberger und John Lowell unter dem Namen "Bank of Massachusetts" gegründet. Die Sulzbergers führten später die *New York Times* als nominelle, aber nicht als tatsächliche Eigentümer. Die lange und hässliche Bilanz der *New York Times in* Sachen Antiamerikanismus ist zu gut bekannt, um hier näher darauf einzugehen.

Der aktive und ernsthafte Verrat, der vom Schottischen Ritus geplant wurde, begann ernsthaft in Amerika mit einem Patent, das Augustin Prévost erteilt wurde, einem Mitglied des mit der Republik verfeindeten schwarzen Schweizer Adels, der den freimaurerischen Titel "Prinz des königlichen Geheimnisses" trug. Im Laufe unserer Geschichte spielte der schwarze Schweizer und venezianische Adel mit uns und tat alles, um die junge Nation zu untergraben und zu zerstören, da sie sie als Bedrohung für die alte europäische Ordnung betrachtete. Die lombardische Familie, die im 14 Jahrhundert angeschlagen und fast ruiniert worden war, wurde von "wohlwollenden Freimaurern", insbesondere dem Freimaurer des schwarzen Adels, Graf Viterbos von Venedig, wieder auf die Beine geholfen.

Die Familien Viterbo und Lombard ließen die Macht und das Ansehen Venedigs wieder aufleben, und die Bankendynastie der Lombarden kämpfte noch Hunderte von Jahren gegen das republikanische Amerika. Die Viterbos erweckten Venedig wieder zum Leben, indem sie das Osmanische Reich eroberten, das später unter ihnen und ihren befreundeten Familien aufgeteilt wurde. Die venezianische schwarze Adelsfamilie Lonedon organisierte die "Bekehrung" von Ignatius Loyola, der plötzlich reumütig wurde und den Jesuitenorden gründete. Die Jesuiten waren und sind eine Informationsbeschaffungsorganisation der Freimaurerei, des schwarzen Adels, der Familien Pallavicini, Contarini, Luccatto und des liberalen Establishments an der amerikanischen Ostküste. Es waren die Jesuiten, die den Hirtenbrief des katholischen Bischofs verfassten, in dem unsere nukleare Abschreckung im Rahmen des 300-jährigen Krieges der Freimaurerei gegen die katholische Kirche und die Vereinigten Staaten verurteilt wird.

Einer der wichtigsten Krieger der Freimaurerei war Vernon Walters, der Störenfried von Präsident Reagan und Botschafter bei den Vereinten Nationen. Walters war ein prominentes Mitglied der italienischen Freimaurerloge P2. Ich frage mich, ob Präsident Reagan Walters jemals über seine Rolle im Namen der P2 in der Naxaliten-Bewegung (1960 - 1970) befragt hat. Nicht weniger intrigant als Walters war William Sullivan, der eine Rolle beim Sturz von Präsident Marcos auf den Philippinen spielte. Es war Sullivan, der den Kongress aufforderte, die überfälligen Zahlungen an die philippinische Regierung für die Pacht der Flugplätze Clark und Subic Bay nicht zu leisten.

Mir fällt auf, dass Sullivan den Kongress nicht aufforderte, die Zahlungen an Kuba für den Marinestützpunkt Guantanamo einzustellen, und dass er nicht gegen den Drogenfluss aus Kuba protestierte. Sullivan erwähnte nicht das damals größte terroristische Ausbildungslager in der westlichen Hemisphäre, das sich in Kuba befand, eine Einrichtung, die die Ausbildungslager in Libyen und Syrien in den Schatten stellt.

Sowohl Walters als auch Sullivan standen unter der Kontrolle des ultrageheimen Freimaurerordens, des

"Ordens von Zion", der im Namen der Mitglieder des Obersten Rates des Schottischen Ritus, die in verschiedenen Regierungen tätig sind, entscheidende Entscheidungen trifft. Im Laufe unserer geheimen Geschichte hat die böse Macht der Jesuiten-Freimaurer unseren Entscheidungsapparat dominiert, und das gilt heute sicherlich genauso wie zur Zeit der Amerikanischen Revolution und des Bürgerkriegs.

Reagan stand völlig unter dem Einfluss der Freimaurerei und handelte nach den vom CFR übermittelten Befehlen. Es gibt eine Reihe sehr wichtiger Bücher über den Schottischen Ritus, von denen viele gute Informationsquellen sind:

Ganz oben auf meiner Liste stehen *Die Geschichte des Obersten Rates der Mitglieder des 33 Grades, freimaurerische Jurisdiktion im Norden der Vereinigten Staaten* und ihre Vorgeschichte, von Samuel Harrison Baynard; *Die Geschichte des Obersten Rates, Jurisdiktion im Süden, 1801-1861* und *Eleven Gentlemen from Charleston: Founders of the Supreme Council, mother Council of the World,* beide von Ray Baker verfasst und vom Obersten Rat des 33 Grades des Alten und Angenommenen Schottischen Ritus auf eigene Kosten herausgegeben.

Baker war der anerkannte Historiker des Schottischen Ritus in Amerika, und ihm zufolge wurde der Schottische Ritus von jüdischen Kaufleuten und jüdischen Religionsführern gegründet, die das Patent 1760 aus Frankreich mitbrachten, woraufhin es in Charleston und Philadelphia angewandt wurde. Anderen Historikern zufolge ist es Juden jedoch nicht erlaubt, Mitglieder des Schottischen Ritus zu werden. Ich finde das sehr schwer zu glauben und halte es für eine

Nebelwand um die Frage, wer den Schottischen Ritus in den Vereinigten Staaten tatsächlich gegründet hat. König Salomon kommt in den Ritualen der Freimaurer an prominenter Stelle vor, und ich weiß, dass er jüdischen Glaubens war sowie einer ihrer großen Magier. Wir wissen auch, dass viele freimaurerische Rituale auf den jüdischen magischen Riten basieren, die Salomon praktizierte.

KAPITEL 12

DER GESCHICHTSSCHREIBER JOSEPH ÜBER DIE FREIMAUREREI

Der berühmte Historiker Josephus behauptet, dass ein Buch mit Zaubersprüchen und Beschwörungen, das bei freimaurerischen Riten verwendet wurde, von König Salomo geschrieben wurde. Das Buch *Der Schlüssel Salomos*, von dem Josephus sagt, dass es von Salomon geschrieben wurde, wird ebenfalls häufig in der Freimaurerei verwendet. Was auch immer die Verbindung zwischen dem Schottischen Ritus und dem Judentum sein mag, wir wissen, dass einige Mitglieder der britischen Oligarchie den Ritus übernommen haben.

Einer der Hauptakteure der Freimaurerei in den Vereinigten Staaten war der bereits erwähnte Augustin Prévost, dessen Soldaten während des Amerikanischen Unabhängigkeitskriegs South Carolina plünderten. Prévost war Großmeister der Loge zur Vollkommenheit, die von Francken gegründet wurde, einer der jüdischen Händlergruppen, die ich vorhin erwähnt habe.

Es war Francken, der das Patent des Schottischen Ritus an Augustine Prévost weitergab, die dann einen Offizierskollegen und Freimaurer der britischen Armee anwies, eine Loge in Charleston zu gründen. Einer von Augustine Prévosts Verwandten, Oberst Marcus Prévost, war für die Rekrutierung von "Kronentreuen" zuständig, die gegen die Siedler kämpfen sollten.

Unter den "Loyalisten" befanden sich die Hintergründe vieler Mitglieder des liberalen Establishments der Ostküste, darunter auch die des Verräters McGeorge Bundy, einer der aktivsten Unterstützer der europäischen Oligarchie und des europäischen Königtums, die wir heute auf der politischen Bühne haben, ein Mann, dessen Loyalität gegenüber den Vereinigten Staaten sehr zweifelhaft ist. Die Schweizer Prévosts sind vielleicht nicht sehr bekannt, weil in unseren Geschichtsbüchern nicht viel über sie steht.

Ein anderer Prévost, Sir George Prévost, war eng mit Albert Gallatin verbündet, dem schweizerisch-maurerischen Spion, der geschickt wurde, um Amerika von innen heraus zu zerstören. Sir George befehligte eine britische Invasionstruppe, die 1812 Washington plünderte und das Weiße Haus niederbrannte. Es besteht kein Zweifel, dass die "Blaublüter" in Boston nicht gerne an die Untaten der Briten erinnert werden, die die "besondere Beziehung" verderben könnten, wenn zu viele Amerikaner von diesen Tatsachen erfahren würden.

Die Mutterloge zur Welt in Charleston dehnte das Patent des Schottischen Ritus 1804 auf Frankreich, 1805 auf Italien, 1809 auf Spanien und 1817 auf Belgien aus. Einer der "elf Herren von Charleston" war Frederick Dalcho, der ein Amt in der dortigen Episkopalkirche bekleidete und der Führer der "englischen Partei" in South Carolina war. Seit Dalchos Zeiten hat sich nicht viel geändert: Der amerikanische Zweig der Kirche von England ist durchsetzt mit Freimaurern des schottischen Ritus.

Zuvor hatte ich die Behauptung erwähnt, dass Juden nicht

zum Schottischen Ritus zugelassen werden. Ein namhaftes jüdisches Mitglied des Schottischen Ritus war John Jacob Astor, der seine freimaurerische Karriere in New York begann, wo er das Amt des Schatzmeisters der Großloge von New York bekleidete. Es war Astor, der dem Verräter Aaron Burr, Freimaurer im 33 Grad,

$42,000. Mit diesem Geld konnte Burr nach dem Mord an Alexander Hamilton mit Hilfe des hochrangigen jüdischen Freimaurers John Slidell aus New York fliehen.

Slidell ließ sich in Charleston und New Orleans nieder, wo er die Manieren eines Südstaaten-Gentleman annahm. Er war eng mit Aaron Burr verbunden. Die beiden Männer schmiedeten eine Verschwörung, um mit Hilfe einiger Jesuiten in New Orleans Louisiana einzunehmen, doch die Verschwörung scheiterte, als sie von loyalen Patrioten der Vereinigten Staaten aufgedeckt wurde. Zum Zeitpunkt seines perfiden Versuchs, die Union zu zerstückeln, hatte Slidell eine wichtige Position in der Regierung inne. Er wurde von einer ganzen Gruppe von Freimaurergesellen unterstützt. Zu seiner Zeit gab es Hunderte von Freimaurern in der US-Regierung. Es ist zweifelhaft, ob Vernon Walters und George Shallots ihren Freimaurerschwur mit dem Eid der Loyalität gegenüber den Vereinigten Staaten vereinbar finden. Wie Christus sagte: "Kein Mensch kann zwei Herren dienen".

Für diejenigen unter Ihnen, die an Yoga glauben, ist es interessant zu wissen, dass die Freimaurerei Yoga als Methode propagiert, um Gedankenströme zu verlangsamen und zu stoppen. Die Freimaurerei mag es nicht, wenn die Menschen denken. Diese Information wurde dem Satanisten Alastair Crowley von seinem Schützling Alan Benoit gegeben, der sie von dem berühmten freimaurerischen Historiker Eckenstein erhalten hatte.

Die freimaurerischen Rituale unterhalb des vierten Grades orientieren sich frei an der Lehre des Yoga, aber im Obersten Rat der Freimaurerei wird Yoga in keiner Weise gelehrt oder befolgt. Die Obersten Räte haben einige Geheimnisse, die für die normale Welt von echtem Interesse sind. Es ist bekannt, dass Mazzini und Pike über den drahtlosen Telegrafen kommunizierten, lange bevor Marconi diesen "erfand". Ein weiteres überraschendes Geheimnis der gewählten Vertreter des Obersten Rates ist die Art und Weise, wie man Silber herstellt und es in Gold verwandelt.

Diese Formel wurde Lord Palmerston (Vater des englischen Premierministers) und Lord Onslow, einem Freimaurer im 33 Grad, von einem Engländer namens Price demonstriert. Price behauptete, er habe die Geheimformel "von den Geistern" erhalten. Er bewies seine Behauptung, indem er Quecksilber mit einem weißen Pulver über einer starken Flamme schmelzen ließ.

Die Mischung wurde von Experten getestet, die feststellten, dass es sich um reines Silber handelte. Das Silber wurde dann über der Flamme geschmolzen und ein rötliches Pulver wurde hinzugefügt. Mehrere Barren wurden gegossen. Jederzeit anwesende Silber- und Goldexperten sahen sich das neue Produkt sehr genau an und erklärten nach einem Test vor Ort, dass es sich um reines Gold handelte. Das Geheimnis bleibt von dem gewählten Mitglied des Obersten Rates des Schottischen Ritus tief verborgen. Was Price betrifft, so heißt es, er habe sich "durch das Trinken von Zyanid selbst getötet".

Handelt es sich wirklich um Selbstmord oder um Vergiftung? Hat Price einen fatalen Fehler begangen, als er Lord Palmerston seine Behauptungen bewies, wie es höchst wahrscheinlich ist? Der Tod von Price sollte niemanden überraschen, denn die Anhänger der Freimaurerei waren schon immer eher Zerstörer als Schöpfer.

Die amerikanische Stahlindustrie zeugt davon. Graf Guido Colonna ist in Amerika kein sehr bekannter Name. Unter den Hunderttausenden von arbeitslosen Stahlarbeitern werden nur wenige von ihm gehört haben. Dieser Colonna ist ein Freimaurer aus dem schwarzen Adel, der sich mit einem Mitglied des französischen schwarzen Adels, dem Grafen Davignon, verschworen hat, um die amerikanische Stahlindustrie zu zerstören. Den Erfolg dieser Verschwörung kann man an den rostigen und stillen Stahlwerken ablesen, die überall in den Nordstaaten zu finden sind. Wer gab den Befehl für den Abrissplan?

Die Antwort lautet: die Welfen, besser bekannt als das Haus Windsor. Die Welfen sind der Eckpfeiler der Oligarchie auf der ganzen Welt.

Wenn wir die Zerstörung unserer Industrien ernsthaft stoppen wollen, müssen wir mit dem Gipfeltreffen mit den Welfen beginnen, insbesondere mit den englischen Welfen, die über den Schottischen Ritus der Freimaurerei operieren. Die einzigartige Bedeutung dieser alten Familie wird in den Studien darüber, "was mit der amerikanischen Wirtschaft nicht stimmt", völlig vernachlässigt.

Die Windsors herrschen über Großbritannien und Kanada, die nichts anderes als ihre persönlichen Lehensgüter sind. Die Stärke der Windsors liegt in ihrer Kontrolle über die

Rohstoffe der Welt und ihrer beeindruckenden Fähigkeit, Länder dieser Rohstoffe zu berauben. Wenn man ein wenig recherchiert, stellt man fest, dass sie dies in Kanada mit Holz, Öl und Pelzen tun.

In Südafrika sind es Gold und Diamanten über die Oppenheimer Anglo American Diebe; in Simbabwe (dem ehemaligen Rhodesien) ist es Chrom-Erz (das reinste der Welt) über Lonrho, ein Unternehmen, das einem Cousin von Elizabeth, der Königin von England, gehört; und in Bolivien ist es Zinn, über das Unternehmen Rio Tinto. (Siehe *Das Komitee der 300* für weitere Einzelheiten).

Die Windsor (Welfen) kümmern sich nicht darum, wer in einem Land die politische Macht innehat. Mit Ausnahme von Russland sind für sie alle Amtsinhaber gleich. Sie behalten stets die Kontrolle über die natürlichen Ressourcen der meisten Länder. Prinz Philip leitet die Operationen verschiedener "ökologischer" Gruppen, die kaum verkleidete Vehikel sind, um "Ausländer" von den Rohstoffreserven der Windsors fernzuhalten. Dieser "Naturschützer", Vorsitzender des World Wildlife Fund, hat keine Skrupel, an einem Wochenende 1000 Fasane abzuschießen!

Dank der Hambros-Gruppe belaufen sich die Einnahmen der Windsors auf mehrere Milliarden Dollar. Die Hambros-Gruppe hält ihre starke Position durch ein Netzwerk von Mason-Devisenhändlern aufrecht. Weitere Unternehmen, die von den Masons geleitet werden, sind: Shearson, Amex, Bear Stearns und Goldman Sachs, die alle unter dem Dach der Hambros Group stehen, die letztlich von den Windsor Guelph aus dem venezianischen Schwarzen Adel kontrolliert wird.

Die Welfen sind seit Hunderten von Jahren mit der Freimaurerei verbunden. Ihre Verbindungen zu England begannen mit der venezianischen Dynastie der Corso Donati im Jahr 1293.

KAPITEL 13

DER AMERIKANISCHE BÜRGERKRIEG WAR DAS WERK DER FREIMAUREREI

Im Anfang bis zum Ende war der schreckliche amerikanische Bürgerkrieg ein Werk der Freimaurerei. Die Darstellung der Freimaurer ist aus offensichtlichen Gründen in keinem unserer Geschichtsbücher zu finden. Die anglophilen Familien, die sich den Siedlern im Krieg gegen Großbritannien nicht anschlossen, ließen sich in Nova Scotia nieder, von wo aus sie die Briten während der gesamten Amerikanischen Revolution unterstützten. Später kehrten sie in die USA zurück und setzten die Tradition fort, die britische Freimaurerverschwörung gegen das republikanische Amerika zu unterstützen, die im Bürgerkrieg gipfelte.

In diesem grausamen Desaster verlor Amerika 500 000 Männer, mehr als unsere Verluste in beiden Weltkriegen zusammengenommen. Der Bürgerkrieg war ein Komplott der oligarchischen britisch-europäischen Freimaurer, das darauf abzielte, das Land in kriegsführende Staaten zu teilen und dann das zurückzugewinnen, was sie in der Amerikanischen Revolution verloren hatten. Bei diesem Vorhaben wurden sie geschickt von einer Vielzahl "amerikanischer" Verräter unterstützt. Das berüchtigte liberale Establishment hätte Erfolg haben können, und die Vereinigten Staaten würden heute nicht existieren, wenn die amerikanischen Patrioten Clay und Carey nicht so hervorragende Arbeit geleistet hätten.

Diese Lektion müssen wir aus der Geschichte lernen, auch wenn sie in dem Buch des Historikers Charles Beard nicht vorkommt. Die Freimaurerei hat nie aufgegeben, nachdem sie den Krieg gegen die Siedler verloren hatte. Die Dinge überschlugen sich 1812, nach einer langen Zeit, in der die britische Marine amerikanische Schiffe beschlagnahmt und Tausende amerikanische Seeleute inhaftiert hatte. Die Kissingers von damals erklärten, dass Amerika nichts dagegen tun könne, und sie hatten Recht. Der Todfeind der Schweizer Freimaurerei, Albeit Gallatin, hatte unser Verteidigungsbudget gekürzt und uns ohne echte Marine zurückgelassen. Gestärkt durch zwei Niederlagen gegen die junge Republik in weniger als 150 Jahren wandten sich die Briten erneut gegen die USA und verkauften ihre Derwent-Zentrifugalstrom-Düsenmotoren an die UdSSR, damit sie in die MIG 15-Kampfflugzeuge eingebaut werden konnten, mit denen die amerikanischen Truppen in Korea bombardiert und mit Maschinengewehren beschossen wurden. Ohne das Derwent-Triebwerk hätten die Sowjets mindestens 15 Jahre gebraucht, um ein strahlgetriebenes Kampfflugzeug zu bauen.

So wie es heute einige unter uns gibt, die der "besonderen Beziehung" zwischen den USA und Großbritannien zutiefst misstrauen, nachdem sie gesehen haben, was sie unserem Land angetan hat, so gab es auch in der Zeit des Essex Junto Patrioten, die die Verschwörungen und Pläne der britischen Freimaurerei durchschauten. Sie versuchten, den Verrat von Caleb Cushing und John Slidell aufzudecken.

Sie warnten vor der damaligen Wirtschaftspolitik des "freien Handels", genau der Politik, die wir Milton

Friedman erlaubten, der "konservativen" Reagan-Regierung zu verkaufen.

Der Freihandel ist eine Verschwörung, die von den britischen Freimaurern ausgeheckt wurde, um unsere Wirtschaft zu zerstören. Es ist an der Zeit, den Vorhang vor der Geschichte der Verräter aus dem venezianischen Schwarzen Adel zu ziehen, die mit den Schottischen Riten verbunden waren, wie die Piraten Sam und George Cabot und die Pickerings, die durch das doppelte Elend des Opium- und Sklavenhandels zu Reichtum gelangten.

Die Vorfahren von McGeorge Bundy waren Sklavenhändler. Es war der Freimaurer John Jacob Astor, der es den Pickerings ermöglichte, in den enorm lukrativen Opiumhandel in China einzusteigen. Die Wahrheit muss über das ganze Schlangennest gesagt werden, das sich in der Britischen Ostindien-Kompanie, in Loring, Adam Smith und David Hume windet. Es war Loring, der den Amerikanern, die während der Amerikanischen Revolution von den Briten gefangen genommen wurden, die Rationen stahl, die er dann mit riesigem Gewinn an die britische Armee verkaufte und die amerikanischen Gefangenen auf schrecklichen Gefängnisschiffen verhungern ließ.

Als ich Mathew Careys Buch "*The Olive Branch*" zum ersten Mal las, konnte ich nicht glauben, was ich da las. Doch im Laufe der Jahre stellte ich fest, dass alles, was Carey behauptete, tatsächlich der Wahrheit entsprach.

Ein weiteres Buch, das ich empfehlen kann, ist *The Famous Families of Massachusetts*. Zu diesen berühmten Familien gehören die Nachkommen der Lorings, Pickerings und Cabots, die Nachkommen des Freimaurernetzwerks, das ursprünglich in diesem Land von dem französischen Oligarchen Cabot und dem Schweizer Prévost aufgebaut wurde.

Das anglophile liberale Establishment an der Ostküste steckt hinter diesen Machenschaften. Ich könnte noch weiter Familiennamen und ihre Geschichte aufzählen, die mit allen Mitteln verschleiert werden sollen. Ihre Loyalität gilt den Königsfamilien und den europäischen und britischen Oligarchien über den schottischen Ritus der Freimaurerei. Es mag ihnen gelingen, ihre Geschichte zu leugnen, aber das ändert nichts an der erwiesenen Tatsache, dass ihre engen Verbindungen zu den Intrigenzentren der Freimaurerei nachgewiesen wurden.

Heute stehen sie in indirektem Kontakt mit der Loge "Sieben Schwestern" in Paris. Diese Loge leitet eine riesige Drogenschmuggeloperation, die bis ins Herz der "gekrönten Häupter Europas" reicht. Sie glauben wie Robert Holzbach, der Leiter des Schottischen Ritus der Schweizerischen Bankiervereinigung, dass "Souveränität nicht die Zahlungsfähigkeit ersetzt".

Mit anderen Worten: Die Macht des Geldes transzendiert alle Überlegungen. Holzbach ist typisch für die Macht des Geldes, die zwischen der Alten Welt und der jungen Republik der Vereinigten Staaten bestand. Holzbach arbeitete eng mit der italienischen Freimaurerloge P2 zusammen, die gegründet worden war, um sich für die Rückkehr des Hauses Savoyen auf den italienischen Thron einzusetzen. Dank des schottischen Netzwerks der Rite-P2 ist das Privatleben jedes Einzelnen nicht geschützt. Die US-Regierung hat ihre Verbindungen in diesen Kreisen. Ihr Nummernkonto bei einer Schweizer Bank kann der US-Regierung oder anderen interessierten Parteien bereits bekannt sein. Dies ist allgemein bekannt, weshalb diejenigen, die Geld zu verbergen haben, keine Bank in der Schweiz mehr ansprechen.

Diejenigen, die der Episkopalkirche von Amerika angehören, sollten wissen, dass Ihr Erzbischof, Robert Runcie, Mitglied des Obersten Rates des Schottischen Ritus der Freimaurerei ist. Wäre dies nicht der Fall, wäre er niemals von Elizabeth Guelph als Erzbischof "zugelassen" worden. Runcie ist der persönliche Kontaktmann von Königin Elizabeth und des Weltrats der Kirchen.

Der beträchtliche Einfluss des Schottischen Ritus auf unsere vergangene Geschichte und auf die wichtigen in- und ausländischen Entscheidungen, die von jeder US-Regierung getroffen werden, lässt sich an dem Schaden messen, der dem höchsten Interesse des Landes zugefügt wurde. So wie er für die Planung des Bürgerkriegs verantwortlich war, plant der Schottische Ritus der Freimaurerei den Dritten Weltkrieg. Ohne eine Bestandsaufnahme der mächtigen Kräfte, die die amerikanischen Angelegenheiten lenken, egal wer im Weißen Haus sitzt, haben wir keine Hoffnung, den Feind zu bekämpfen. Die einzige Möglichkeit, die Pläne der Verräter des Schottischen Ritus zu durchkreuzen, besteht darin, ihre Aktivitäten offenzulegen.

Dazu müssen unsere Patrioten darüber aufgeklärt werden, wofür der Schottische Ritus und eigentlich die gesamte Freimaurerei steht, nämlich für den Umsturz der bestehenden Ordnung und die Zerstörung der Nationalstaaten, insbesondere derjenigen mit republikanischer Verfassung, die Zerstörung der Familie und die Zerstörung des Christentums. Es ist mir sehr schwer gefallen, diese Botschaft von meiner Botschaft über den

Einfluss der oligarchischen und königlichen Familien auf unsere Angelegenheiten zu trennen. Ich empfehle Ihnen, sich auch ein Exemplar dieses Buches, *King Makers and King Breakers: The Cecils, zu besorgen* und es in Verbindung mit diesem Buch über die Freimaurerei zu verwenden.

KAPITEL 14

VERSCHWÖRUNG: DIE EINZIGE WELTREGIERUNG

Sei einem so umfassenden Thema wie dem Geheimbund, der kollektiv als Freier Freimaurer-Orden und unter verschiedenen anderen Namen bekannt ist, ist es nicht möglich, die Ursprünge der Freimaurerei erschöpfend zu behandeln. Daher ist es der Zweck dieses Buches, Material zu liefern, das Ihnen hilft, die wirtschaftlichen und politischen Ereignisse, die derzeit die Welt erschüttern, besser zu verstehen, indem es die Verbindung zwischen diesen zerstörerischen satanischen Ereignissen und der Freimaurerei aufzeigt. Haben Sie Geduld, hören Sie hier nicht auf und schreiben Sie mir nicht, dass Sie Mitglied in einem der vielen Freimaurerorden sind und dass Sie wissen, dass die Freimaurer eine schöne philanthropische Gesellschaft sind, die politische und religiöse Fragen aus ihren Diskussionen und Beratungen verbannt hat.

Das Problem ist, dass die Freimaurer der unteren Grade nie wissen, was die Freimaurer der höheren Grade tun. Die Natur der Struktur der Bewegung hindert sie daran, dies zu wissen. Daher ist es für die höheren Grade relativ einfach, die Mitglieder an der Basis über die Handlungen, Ziele und Absichten der Freimaurerei zu täuschen. Und wenn zufällig eines der Mitglieder des niederen Ordens zur Spitze gravitiert, schwört es unter Androhung der Todesstrafe, das

Geheimnis zu wahren und sein Wissen niemals den niederen Brüdern oder jemandem außerhalb des Freimaurerordens zu offenbaren. Dieser Eid des Schweigens wird sehr streng gehandhabt. Ich werde versuchen, die vielen Kulte und religiösen Überzeugungen, die mit der Freimaurerei verbunden sind, nicht zu erwähnen und mich auf die Aspekte der englischen und amerikanischen Freimaurerei beschränken.

Den meisten Autoritäten auf diesem Gebiet zufolge etablierte sich die englische Freimaurerei 1717 als Gilden der operativen oder arbeitenden Maurer und öffnete ihre Türen für die sogenannten spekulativen Maurer, d. h. die nicht arbeitenden Maurer, und schuf so eine kombinierte Bewegung, die als englische Großlogen bezeichnet wurde. Die alten Gildenmaurer existierten vor 1717 schon seit vielen Jahrhunderten, aber sie waren, wie gesagt, keine politische Kraft. Sie gingen nur ihrem Handwerk nach, lebten von ihrem Handwerk und/oder ihrem Beruf in Form einer geschlossenen Werkstatt, d. h. sie bewahrten ihre Geheimnisse vor dem Eindringen von außen.

Die ersten Maurer, d. h. vor 1717, hatten nur drei Grade - Lehrling, Geselle und Maurermeister. Bei der Fusion ließen die Gilde-Freimaurer zu, dass große Veränderungen stattfanden, die erste war, dass der Name des christlichen Gottes aus dem Ritual entfernt wurde; die Blaue Maurerei, wie sie genannt wurde, war zu dieser Zeit eine praktisch neue Bewegung, und das beendete die Zusammenarbeit mit den Handwerksmaurern. Kurz gesagt, die nicht aktiven spekulativen Maurer übernahmen vollständig die Oberhand und die alte Ordnung verschwand von der Bühne.

Aus diesem neuen Orden entstand ein neuer militanter und revolutionärer Freimaurerorden mit dem Namen

Schottischer Ritus. Obwohl die englische Freimaurerei die Rituale des Großen Orients, also der europäischen Freimaurerei, verbot, verbot sie den Schottischen Ritus nicht, und dieses revolutionäre Ritual übernahm wie ein tödlicher Virus die Kontrolle über alle Freimaurerzellen in England und Amerika, um sich an die Schalthebel der Macht in der Gesellschaft zu setzen.

Der größte Teil der Mitglieder der englischen Freimaurerei bleibt im dritten Grad und weiß in der Regel nichts von den Übeln, die in seinem Namen in den höheren Graden begangen werden. Wenn der neunte Grad erreicht ist, wird den qualifizierten Kandidaten die revolutionäre Natur der Freimaurerei des schottischen Ritus vor Augen geführt, denn dies ist ihr Endziel: die Unterwanderung des Staates durch die Freimaurerei, wie sie im 33 Grad gelehrt wird, was auch erklärt, warum viele Freimaurer des 33 Grades in vielen Ländern damit beauftragt wurden, die bestehenden Regierungen aufzulösen.

Zum Beispiel während der Französischen und der Amerikanischen Revolution, im Krieg zwischen den Staaten und in jüngster Zeit in Simbabwe, wo ein Freimaurer des 33 Grades, Lord Somas, Simbabwe verriet und es unter dem betrügerischen Begriff "Herrschaft der Mehrheit" in die Hände eines kommunistischen Tyrannen gab, sowie bei der totalen Kapitulation Südafrikas durch die Freimaurer an der Spitze Großbritanniens und der Vereinigten Staaten.

Somas war einer jener "entschlossenen Männer der Freimaurerei", die Disraeli, der Premierminister von Großbritannien und Freimaurer, beschrieb, als er insbesondere über die Logen des Schottischen Ritus und des Großen Orients sprach und sagte:

Man muss die Geheimgesellschaften berücksichtigen, die alle Maßnahmen im letzten Moment umkehren können, die überall Agenten haben, entschlossene Männer, die zu Attentaten ermutigen, usw.

Das klingt sicherlich nicht nach der philanthropischen Gesellschaft, die die Freimaurer vorgeben zu sein, und in Wahrheit ist sie das auch nicht. Es stellt sich die Frage: Warum müssen wir überhaupt Geheimgesellschaften haben? Amerika wurde auf christlichen Grundsätzen gegründet, die eindeutig besagen, "dass die Menschen die Dunkelheit dem Licht vorziehen, damit ihre bösen Taten verdunkelt werden". Das ist, glaube ich, der wahre Grund für die Geheimgesellschaften; grundsätzlich sind ihre Handlungen schlecht. Es gibt keine andere Erklärung für die Notwendigkeit der Geheimhaltung! Es ist nicht nötig, sich über den Geheimbund, der die Französische Revolution anführte, auszulassen. Heute sind sich alle Historiker einig, dass es sich dabei um den freimaurerischen Jakobinerklub handelte.

Hier ist, was ein sehr bemerkenswerter Großmeister des Supreme Council of Scottish Rites, Dominica Anger, zu sagen hatte, als er den 33 Grad neu qualifizierten Freimaurern bestätigte, die kurz davor standen, ihn zu empfangen:

> Bruder, du hast deine Ausbildung zum Oberhaupt der Freimaurerei abgeschlossen. Lege deinen höchsten Eid ab. Ich schwöre, dass ich kein anderes Vaterland anerkennen werde als das der Welt. Ich schwöre, dass ich überall und immer daran arbeiten werde, die Grenzen und Begrenzungen aller Nationen, aller Industrien, nicht weniger als aller Familien zu zerstören. Ich schwöre, mein Leben dem Triumph des Fortschritts und der universellen Einheit zu widmen, und ich erkläre, dass ich mich zur

Leugnung Gottes und zur Verneinung der Seele bekenne. Und nun, Bruder, da für dich Vaterland, Religion und Familie für immer in der Unermesslichkeit des Werkes der Freimaurerei verschwunden sind, komm zu uns und teile mit uns die grenzenlose Autorität, die unendliche Macht, die wir über die Menschheit besitzen. Der einzige Schlüssel zu Fortschritt und Glück, die einzigen Regeln des Guten sind dein Appetit und deine Instinkte.

Das ist in wenigen Worten das Wesen des Freimaurerordens des Schottischen Ritus, der die amerikanische Freimaurerei dominiert. Eines der interessantesten Dinge über den Kommunismus, die Freimaurerei und die Jesuiten ist, dass sie alle eine bemerkenswerte Person in der Geschichte haben, die sie verbindet - Karl Marx, der Mann, der Weishaupts Lehren als sein ursprüngliches "Manifest" beansprucht hat.

Marx verteidigte die Jesuiten sein ganzes Leben lang vehement (und oft gewalttätig). Marx ist der Mann, der die Verbindung herstellt. Marx unterstützte auch leidenschaftlich den Geheimbund der Freimaurer, was meiner Meinung nach eine wichtige Verbindung darstellt, die von fast allen Historikern "vernachlässigt" wird. Diese Vernachlässigung ist ein bewusster Prozess. Es lässt sich nicht leugnen, dass der Sozialismus dazu benutzt wird, das Ziel einer einzigen Weltregierung zu fördern, und es ist interessant, dass Marx, der Religion offen verabscheut, den Jesuitismus so leidenschaftlich geheiratet hat.

Ignatius Loyola gründete den Jesuitenorden am 5. April 1541, der später von Papst Paul XI. bestätigt wurde. Der Orden hat insofern etwas Freimaurerisches, als er aus sechs Graden oder Stufen besteht, wobei das Oberhaupt des Ordens durch seinen militärischen Rang bekannt ist, d. h.

ein General, der von allen Jesuiten absolute und unverbrüchliche Loyalität verlangt und seinerseits die absolute Macht über jeden Jesuiten in allen Bereichen übernimmt. Der General hat die Befugnis, offen oder heimlich Personen aufzunehmen, die nicht Mitglieder der Gesellschaft sind. Die Oberen und Rektoren sind verpflichtet, dem General wöchentlich über alle Personen zu berichten, mit denen sie Beziehungen hatten oder in Kontakt standen. Die Jesuiten stellen eine starke Gegenmacht zum Papst dar, eine Macht, die sie nie gezögert haben, einzusetzen, wie z. B. während der Inquisition, von der sich die Jesuiten so weit wie möglich distanziert haben. Die Päpste betrachteten die Jesuiten stets mit Misstrauen, was so weit ging, dass der Orden 1773 verboten wurde. Unter Missachtung des Papstes schützte Friedrich II. von Preußen die Jesuiten für seine eigenen Interessen.

Für den Fall, dass ein Leser Einwände gegen die Verbindung hat, die zwischen den Jesuiten und der Freimaurerei hergestellt wurde, möchte ich an dieser Stelle sagen, dass eine der besten Autoritäten auf diesem Gebiet wahrscheinlich Heckethorn ist, und ich werde zitieren, was er gesagt hat:

> Es gibt eine große Analogie zwischen den freimaurerischen und jesuitischen Graden; und auch die Jesuiten treten den Schuh und entblößen das Knie, weil Ignatius Loyola auf diese Weise in Rom auftrat und um die Bestätigung des Ordens bat.

Nicht zufrieden mit Beichte, Predigt und Unterricht, durch die sie einen beispiellosen Einfluss erlangt hatten, bildeten sie 1563 in Italien und Frankreich mehrere Kongregationen, d. h. heimliche Zusammenkünfte in unterirdischen Kapellen und an anderen geheimen Orten. Die

Kongregationalisten hatten eine sektenartige Organisation mit Katechismen und entsprechenden Lehrbüchern, die vor dem Tod aufgegeben werden mussten, weshalb nur sehr wenige Exemplare erhalten geblieben sind.

Die Jesuiten versuchten, der Neuen Weltordnung zu helfen, indem sie revolutionäre Personen wie Karl Marx stark unterstützten, der wiederum die Jesuiten, wie ich bereits erwähnt habe, vehement verteidigte. Andere Honoratioren, die den Jesuitismus und die Freimaurerei verteidigten, waren Adam Smith, der britische Meisterspion in Ostindien, der zur Förderung falscher Wirtschaftstheorien eingesetzt wurde, sowie sein Mitverschwörer Thomas Malthus. Beide waren Schützlinge des Freimaurers des schottischen Ritus, des Grafen von Shelburne, der die Französische und die Amerikanische Revolution angezettelt hatte. In Wirklichkeit war das, was all diese Männer, einschließlich Marx, verteidigten, der Feudalismus, der durch die Amerikanische Revolution für immer zerstört wurde.

Jeremy Bentham, ein satanistischer Teufelsanbeter vom Schlage eines Albert Pike, wandte sich gegen den Republikanismus, wie es heute alle freimaurerischen und jesuitischen Verschwörer tun. Die Rentierfamilien, die zu Benthams Zeiten die Welt beherrschten, sahen eine Gefahr in der Freiheit des Menschen durch eine republikanische Regierungsform und machten sich daher daran, alle ihnen zur Verfügung stehenden Mittel einzusetzen, um die großen Vorteile, die sich aus der Amerikanischen Revolution ergaben, rückgängig zu machen. Dieser Kampf mit der Freimaurerei dauert auch heute noch im Jahr 2009 an, befindet sich aber nun in seiner Endphase. Bezeichnenderweise sind die Führer der Verschwörung für die Eine-Welt-Ordnung hauptsächlich Freimaurer und in einigen Fällen auch Jesuiten wie Brzezinski, der ebenfalls ein Wassermann ist. (Ein Mitglied der Wassermann-Verschwörung) Sie stehen an der Spitze des Kampfes, um die amerikanische Republik zu stürzen, die etwas ist, das vom schwarzen Adel Europas und den sogenannten Aristokraten Amerikas absolut gehasst wird.

Die Familien des Schwarzen Adels leben in Italien (Venedig, Genua und Florenz), in der Schweiz, in Großbritannien und in Bayern. Dort sind ihre wichtigsten Mitglieder ansässig und von dort aus wurden seit dem 14. Jahrhundert alle Arten von Verbrechen gegen die Menschlichkeit geplant und ausgeführt .

KAPITEL 15

EIN ÜBERBLICK ÜBER KARL MARX

Karl Marx war in Wirklichkeit eine Schöpfung einer dieser alten Oligarchien und verkündete, dass die Sowjetunion eine Oligarchie sei. Zu diesen Oligarchien gehörten auch die Vereinigten Staaten und sie erklärten den Republikanismus zu einem Todfeind, der mit allen verfügbaren Methoden beseitigt werden müsse.

Obwohl Pike sich völlig gegen ein republikanisches System mit demokratischen Grundsätzen ausgesprochen hatte. Eine dieser Methoden ist religiöser Fanatismus, verbunden mit der Durchdringung von Kulten und religiösen Orden. Und es ist nicht nur eine republikanische Regierungsform, die sie zerstört sehen wollen. Sie wollen, dass die gesamten Vereinigten Staaten zu einem feudalen System zurückkehren, in dem die "adligen Aristokraten" des östlichen Establishments über die volle diktatorische Macht verfügen.

Ich bin in der amerikanischen "Verschwörungskultur" keinem Schriftsteller begegnet, der den Feudalismus zufriedenstellend erklärt hätte. Diejenigen, die darüber geschrieben haben, haben lediglich ihren Mangel an Wissen über seine wahre Bedeutung demonstriert. In diesem Sinne erlaube ich mir, auf den Feudalismus insofern einzugehen, als er eine direkte Verbindung zur Freimaurerei hat.

Während des dunklen Zeitalters, das Europa jahrhundertelang beherrschte, war der Einzelne schutzlos. Die Erhaltung des Lebens war der wichtigste Faktor, und die Menschen verpflichteten sich in völliger Knechtschaft gegenüber den Stärksten unter ihnen, die sie im Gegenzug vor denen schützten, die sie angriffen. Die starken Männer verpflichteten sich gegenüber noch stärkeren Männern, und daraus entstand das Feudalsystem. Die Männer verpflichteten sich, für bestimmte Zeiträume - sagen wir 50 Tage im Jahr - in der Armee der stärksten Gruppe zu dienen.

Dies führte zur Entstehung einer Klasse von Kriegern, die sich zum Adel entwickelte. Sie brauchten Waffen, Pferde und befestigte Plätze, um sich zu schützen, was durch "kostenlose" Arbeitskräfte möglich war. Die befestigten Plätze, die ursprünglich Palisaden waren, entwickelten sich zu soliden Steingebäuden, die durch ihre Gestaltung und Ausführung imposant waren.

Steinmetze, Maurer, Schmiede und Metallarbeiter mussten alle ihre Arbeitskraft kostenlos für den Bau dieser Superstrukturen zur Verfügung stellen. Die Hauptquelle des Reichtums war das Land und die Arbeit derjenigen, die es bewirtschafteten, um Güter zu produzieren, die sich in Reichtum umsetzen ließen. Der Status des Leibeigenen hat sich im Laufe der Jahrhunderte kaum verändert, einige wurden allmählich zu Pächtern, während sie Zahlungen an den Gutsherrn leisteten. Weder er noch seine Familie durften ohne die Erlaubnis des Gutsherrn heiraten, was in der Regel die Zahlung einer Steuer bedeutete. Er war nie ein freier Mann.

Die allgegenwärtige Barriere für seine Freiheit war das Gesetz, das ihn zwang, dort zu bleiben, wo er war. Mit anderen Worten: Er durfte sich nicht bewegen. Nach seinem Tod gingen seine besten Nutztiere an den Herrn des Herrenhauses. Albert Pike und seine Freimaurerkollegen versprachen jedem, der Mitglied der Freimaurerei wurde, "völlige Freiheit".

Pikes engster Freund und Mitarbeiter war jedoch Giuseppe Mazzini (1805-1872), der italienische Freimaurerführer, der das industriekapitalistische System nicht tolerieren konnte. Mazzini war ein Satanist und außerdem ein Jesuitenpriester!

Mazzini war der Gründer der Liga Junges Europa, die schon bald einen Zweig in Amerika namens Young America eröffnete. Karl Marx war eines der ersten Mitglieder von Mazzinis radikalen Freimaurerbewegungen ab 1840. Es ist also völlig klar, dass die Freimaurer Karl Marx als revolutionäre Figur, die die Arbeiter verteidigt, geschaffen haben, um ihn als Keule zu benutzen, um den Industriekapitalismus zu Tode zu prügeln. Mazzini, der Jesuit und Anhänger der Freimaurerei, startete tatsächlich die Karriere von Karl Marx gegen den Kapitalismus, indem er namhafte kommunistische Freimaurer zusammenbrachte und die radikale "Internationale Arbeiterassoziation" gründete.

Von diesem Zeitpunkt an entging Karl Marx nur selten der öffentlichen Aufmerksamkeit. Marx entwickelte seinen Hass auf den Industriekapitalismus erst nach jenem schicksalhaften Treffen in London, auf dem die Internationale Arbeiterliga gegründet wurde und aus dem Marx mit den Worten herausging:

> Ich bin entschlossen, alle politischen Bewegungen des Industriekapitals zu zerschlagen, wo immer ich sie finde.

Auch Marx sagte:

> Alles Schlechte muss auf die Entwicklung des
> Industriekapitals zurückgeführt werden.

Marx hat es nie versäumt, dieses Thema zu predigen. Ich hoffe, der Leser kann erkennen, wie sehr wir unter der Doppelzüngigkeit der Freimaurerei und des Jesuitismus gelitten haben. Diese beiden Bewegungen befinden sich noch immer im Krieg gegen die Vereinigten Staaten.

Dies war Teil der Absichten, die von hochgradigen Freimaurern wie Pike und Mazzini verkündet wurden; die bestehende Ordnung umzustürzen, was Weishaupt 1776 in Angriff nahm und den Illuminaten befahl, dies zu tun. Das Wort "Imperialismus" wurde in der Internationalen Arbeiterassoziation geprägt und ab 1890 recht häufig verwendet. Weil Amerika zur größten Industrienation der Welt wurde und wegen seiner unglaublichen Wachstumsmöglichkeiten, wurden die USA zur meistgehassten Nation, vor allem wegen ihrer einzigartigen republikanischen Regierungsform. Die Familien der amerikanischen Oligarchie haben alles getan, um ein solches Klima des Hasses zu unterstützen. Ein Großteil dessen, was Marx als "hässlichen Amerikanismus" bezeichnete, hat weltweit an Boden gewonnen. Natürlich dachte niemand daran, darauf hinzuweisen, dass Lenins Ideen so nah wie möglich an einem imperialistischen System waren, da der Kommunismus nichts anderes als ein System des engen Kapitalismus auf der Grundlage der Oligarchie war. Das war nie der wahre Kommunismus und ist es heute auch nicht mehr. Es handelt sich lediglich um einen brutalen Kapitalismus monopolistischer Natur, der in die totale Macht in den Händen weniger Männer mündet.

KAPITEL 16

RÜCKBLICK AUF DIE GESCHICHTE

Als junger Student las ich die Geschichte von Augustus Cäsar von Tacitus. Ich war voller Erstaunen. Ich dachte, dass das römische Volk sicher verstehen konnte, wie dekadent es war und dass Rom bald untergehen würde. Warum hat niemand etwas unternommen, um den Untergang Roms aufzuhalten? Warum haben wir in Amerika nicht gesehen, dass es mit Amerika bergab ging? Das Volk muss doch sicher sehen, dass das östliche liberale Establishment und seine Allianz mit der britischen Oligarchie dieses Land ruinieren?

Sollte das Volk erkennen, dass wir uns in den letzten Jahren der wunderbarsten Republik befinden, die die Welt je gesehen hat? Die Antwort ist, dass sich das amerikanische Volk nicht von den Römern unterscheidet. Sie sehen nichts dergleichen! Und sie wollen auch nicht von Leuten wie mir gestört werden, die versuchen, darauf aufmerksam zu machen. "Lasst uns in Ruhe", sagen sie. "Amerika ist nicht das antike Rom. Wir haben unsere Verfassung. Wir sind stark. Wir werden nicht besiegt werden".

Genau das ist der Punkt. Weil Sie, der amerikanische Bürger, eine Verfassung haben, betrachtet Sie das östliche Establishment als eine Bedrohung, an deren Beseitigung es Tag und Nacht arbeiten muss. Und was ist mit unserer Verfassung geschehen, dem größten Dokument nach der

Bibel? Sie wurde mit Füßen getreten und beiseitegeschoben!

Ich werde mit Nachdruck sagen, dass ich der Einzige war, der auf den Zusammenhang zwischen dem Falklandkrieg und dem Östlichen Establishment aufmerksam gemacht hat. Ich war auch der erste und für eine sehr lange Zeit der einzige, der über den Club of Rome, Felipe Gonzales, den Global-2000-Bericht und Multikulturalismus wie das Neue Wassermannzeitalter schrieb. Heute werden diese Namen in vielen rechtsgerichteten Publikationen veröffentlicht, aber fast zehn Jahre lang stammten die einzigen Informationen über diese Namen aus meinem Archiv.

Der Falklandkrieg war ein Krieg, der vom britischen schwarzen Adel und von Elizabeth Guelph, der Königin von England, geführt wurde und in ihrem Namen stattfand. Amerika hatte kein Recht, diesen Feinden der wahren Freiheit dabei zu helfen, über die Argentinier zu triumphieren. Dennoch lieferten wir den Briten jede erdenkliche Unterstützung in Form von Waffen und Notfallsystemen. Damit beschmutzten wir unser eigenes Nest und ignorierten, dass John Quincy Adams die berühmte Monroe-Doktrin verfasst hatte, um ein solches Ereignis zu verhindern.

Die herrschende Klasse des östlichen Establishments, die lange Zeit mit ihren britischen Kollegen verbunden war, hat die Monroe-Doktrin in der Tat zerrissen, indem sie die britischen Aggressoren unterstützte und in der Tat behauptete, dass sie mit ihrem Hass auf unsere Republik wüssten, was mit Dokumenten wie der Monroe-Doktrin zu tun sei, und sie taten dies während des Falklandkriegs, indem sie unter dem "konservativen" Präsidenten Reagan Verachtung und Spott über ihre Seiten ausschütteten.

Indem das östliche Establishment, das ein Feind des amerikanischen Volkes und seiner großen Republik ist, seine Verachtung über die Monroe-Doktrin ausschüttete, hat es auch den Sieg der kleinen und unzulänglichen US-Marine über die Briten im Jahr 1812 verleugnet. Dieser große amerikanische Marinesieg kam zustande, nachdem der aus der Schweiz stammende Verräter Gallatin (Finanzminister) alles in seiner Macht stehende getan hatte, um den Bau einer amerikanischen Marine zu verhindern. Gallatin stand im Dienst des britischen, schweizerischen und genuesischen Schwarzen Adels und ihrer rentierlichen Bankiersfamilien und tat alles, was er konnte, um die junge amerikanische Republik zu strangulieren und zu ersticken. Gallatin war das genaue Gegenteil von John Quincy Adams und Benjamin Franklin.

Während John Quincy Adams und Franklin Amerika dienten, diente Gallatin den alten Feudalfamilien von Großbritannien, Venedig, Genua und Österreich - genau so, wie die Präsidenten Wilson, House, Roosevelt Stimson, Knox, Bush und Clinton den Verschwörern dienen mussten, während sie daran arbeiteten, die amerikanische Republik zugunsten einer despotischen und sklavenhaltenden Welteinheitsregierung zu stürzen.

Kehren wir zum Krieg von 1812 zurück. Infolge der extremen Brutalität, die britische Kriegsschiffe und ihre Ersatzleute, die Piraten der Barbaraküste, gegen seine Handelsflotte anwendeten, erklärte Amerika den Briten schließlich den Krieg - allerdings nicht dem östlichen Establishment. Die kleine amerikanische Marine besiegte schließlich die mächtige britische Marine. Als schließlich wieder Frieden herrschte, wurden die Falklandinseln im Rahmen des Freundschafts-, Schifffahrts- und Handelsvertrags zunächst an Spanien und später an

Argentinien abgetreten.

So hatten die Argentinier einen Rechtsanspruch auf die Falklandinseln. Doch George Bush, George Shultz und Alexander Haig, die Diener des östlichen Establishments, ignorierten die Erinnerung an diese tapferen Amerikaner, die die Briten zum zweiten Mal besiegten und durch ihren Verrat, indem sie den Briten bei der Invasion der Falklandinseln halfen, die Monroe-Doktrin zerrissen und die USA erneut den britischen und europäischen Feudalherren unterwarfen. Und es war Präsident Reagan, der bei dieser Schändung den Vorsitz führte.

Ja, wir haben die Namen unserer heldenhaften Staatsmänner John Quincy Adams und Präsident Monroe exkorporiert. Wir haben einer kriegerischen britischen Streitmacht nicht nur erlaubt, in unsere Hemisphäre einzudringen, wir haben ihr geholfen, eine befreundete Nation zu besiegen, mit der wir einen Vertrag geschlossen hatten. Wenn es jemanden gibt, der immer noch nicht glaubt, dass die Briten Amerika kontrollieren, dann fordere ich Sie auf, nicht nur sorgfältig zu überdenken, was sie Argentinien angetan haben, sondern auch, was sie unserem eigenen Land, den Vereinigten Staaten, angetan haben. Die Verantwortlichen für die Verletzung der Monroe-Doktrin hätten wegen Hochverrats vor Gericht gestellt und bestraft werden müssen, wenn sie für schuldig befunden werden.

Sie haben alles verraten, wofür die Republik der Vereinigten Staaten stand, als sie die Briten in unsere Hemisphäre eindringen ließen! Das ist genau das, was passiert ist. Hätte jemand sehen können, was passiert ist? Hätte es jemand aufhalten können? Sind wir so blind, wie die Römer es waren?

Die Antwort im zweiten Fall ist, dass niemand in Amerika, einschließlich unseres Präsidenten, stark genug ist, um die Hure von Babylon, die monetäre Macht des östlichen Establishments, davon abzuhalten, genau das zu tun, was ihre europäischen Herren ihr befehlen! Wir werden von einer schnellen, ansteigenden Flut getragen und in rasantem Tempo auf den verhängnisvollen Tag zu katapultiert, an dem wir von einer einzigen Weltregierung überrollt werden. Es gibt keine Möglichkeit, diese rasend schnell voranschreitende Flut zu stoppen! Selbst diejenigen, die wie ich seit Jahren über das Thema schreiben und genau wissen, was vor sich geht, können nicht viel tun, um die Tragödie aufzuhalten. So sicher wie Rom gefallen ist, wird auch Amerika fallen.

Wir treten in die letzten Jahre unserer Republik ein. Aber nur wenige nehmen es wahr. Wie Tacitus behauptet, haben weder Cäsar Augustus noch sonst jemand bemerkt, dass Rom fällt.

Die Hauptarchitekten unseres Niedergangs sind die freimaurerischen Jesuiten und ihre verflochtenen Verbindungen mit dem östlichen amerikanischen Establishment und dem schwarzen britischen, venezianischen, genuesischen und schweizerischen Adel. Das Komplott von Mrs. Thatcher und Henry Kissinger, Amerika durch ihre geheimen Absprachen mit Moskau zu betrügen, hat dies bewiesen.

Falls Sie meinen, mein Glaube an die Existenz geheimer Vereinbarungen zwischen dem östlichen Establishment und der UdSSR sei irrelevant, möchte ich Ihnen sagen, dass einer der schlimmsten Verräter in der Geschichte der amerikanischen Republik, McGeorge Bundy, ein sogenannter "Blaublüter", ein Institut für Angewandte

Analytik gründete, eines der ersten Institute dieser Art, das International Institute for Applied Systems Analysis, in Zusammenarbeit mit dem KGB-Agenten Alexei Dzhermen Gvishiani gründete, der zufällig der Schwiegersohn des verstorbenen Premierministers Alexei Kosygin (1904-1980) war. McGeorge Bundy unterstützt nachdrücklich die fatale malthusianische Doktrin der Freimaurer, die heute die Volkswirtschaften der westlichen Nationen tötet. McGeorge Bundy ist Mitglied des Freimaurerordens der schottischen Schule, wie es auch Kosygin war.

McGeorge Bundy spielte eine führende Rolle bei der Verhinderung aller Bemühungen Amerikas, die nukleare Parität mit der Sowjetunion zu erreichen, und zusammen mit den Teilnehmern der Abrüstungskonferenz von Pugwash, die fast alle Freimaurer waren, fügte er Amerikas Verteidigungsfähigkeit einen unschätzbaren Schaden zu. Zusammen mit Kissinger verbündete sich Bundy mit den Pugwash-Befürwortern von SALT, von denen er wusste, dass sie Amerika letztlich schwächen würden.

McGeorge Bundy und Kissinger verkauften sich beide an dieselben schwarzen Adelsfamilien aus der Schweiz, Deutschland und Großbritannien, die Washington während der Amerikanischen Revolution und im Krieg von 1812 bekämpften, während der schwarze Freimaurer-Adel weiterhin gegen die Amerikanische Republik kämpft.

Woher haben McGeorge Bundy, Kissinger, Harriman, Rockefeller, Cabot, Lodge, Bush, Kirkland (der heutige Gewerkschaftsführer, dessen Ururgroßvater den ersten Schuss in Fort Sumter abfeuerte, um die Zerstörung der Republik einzuleiten), die Lowells, die Astors und alle Familien des östlichen Establishments ihren antirepublikanischen Glauben und ihre antirepublikanischen Ideen?

Diese Frage ist recht einfach zu beantworten: Earl of Shelburne (William Petty, 1737-1805), Chef des britischen Geheimdienstes und Meisterspion, und vielleicht noch wichtiger: Oberhaupt des fanatischen, ultra-geheimen schottischen Ordens der Freimaurerei! In dieser Hinsicht sehen wir erneut die vitale Rolle der Freimaurerei bei der Gestaltung nicht nur der Angelegenheiten der Vereinigten Staaten, sondern der ganzen Welt, die sich auf eine Gesellschaft mit dem Namen "Eine-Welt-Regierung" zubewegt.

Wer war dieser Meisterverschwörer, dieser Shelburne, der die Herzen, den Geist und die Philosophien dieser eminent angesehenen Familien des "alten Reichtums" in Boston, Genf, Lausanne, London, Genua und Venedig beherrschte, die durch den Opium- und Sklavenhandel unglaublich reich geworden waren: Ich beziehe mich auf die Familien William Pitt, Mallet und Schlumberger. Shelburne beherrschte sicherlich die Herzen und Köpfe des gesamten liberalen Establishments des Ostens und vieler, vieler anderer sogenannter prominenter und einflussreicher Familien.

Ich habe Lord Shelburne vor etwa zwanzig Jahren zum ersten Mal in meinen Schriften erwähnt. Damals hatte keine Publikation und kein rechtsgerichteter Autor jemals den autokratischen britischen Blaublüter erwähnt, der die Opposition gegen die Amerikanische Revolution anführte.

Shelburne war in erster Linie ein Freimaurer des schottischen Ritus mit sehr starken Verbindungen zu den Jesuiten in England, Frankreich und der Schweiz. Er war nicht nur der Kontrolleur des britischen Premierministers William Pitt, sondern auch der Terroristen Danton und Marrat und der von Aaron Burr angeführten Verräter des orientalischen Establishments sowie von Adam Smith, dem britischen Ostindien-Spion, der zum Ökonomen wurde, und von Malthus, dessen Flut an falschen Konzepten die Volkswirtschaften des Westens ins Verderben riss.

KAPITEL 17

DER FREIMAURERFÜHRER SHELBURNE

Lord Shelburne ist der Mann, der am meisten getan hat, um die Vorteile zu zerstören, die die Menschheit infolge der Renaissance des 15 Jahrhunderts erhalten hatte, und der Mann, der die christlichen Ideale, wie sie von Christus gelehrt wurden, unsere sozialen und moralischen politischen Ideale und unsere Vorstellungen von individueller Freiheit, wie sie in der Verfassung verkörpert sind, am meisten verraten hat.

Kurz gesagt: Shelburne ist der quasi historische Vater der Revolution, der Sklaverei und des neuen dunklen Zeitalters, das zu einer einheitlichen Weltordnung führt. Shelburne hasste und verabscheute die Renaissance. Er war definitiv ein Anhänger von Partikularinteressen und glaubte, dass der gewöhnliche Mensch nur auf der Erde sei, um der Oberschicht zu dienen, der Klasse, der Shelburne angehörte. Er hasste auch den Industriekapitalismus und war ein glühender Verfechter des Feudalismus, ein nahezu perfektes Vorbild für Karl Marx.

Außerdem war es William Petty, der die dreimal verfluchte Royal Society in London gründete, die Vorläuferin des Royal Institute for International Affairs, das die US-Außenpolitik kontrolliert, und des Council on Foreign Relations in New York. Die Royal Society in London und ihre Nachkommen, das Royal Institute for International Affairs und der Council on Foreign Relations in New York, basieren beide auf den Schriften des gelehrten Freimaurers Robert Fludd und dem jesuitischen Rosenkreuzertum.

Weitere Freimaurer, die die Royal Society kontrollierten, waren Elias Ashmole und Lord Acton, die beide sehr hoch in der obersten Führungsebene der Freimaurerei angesiedelt waren. Diese Männer kontrollierten zusammen und einzeln die Handlungen des britischen Premierministers William Pitt und von John Stuart Mill, Lord Palmerston und später von Männern wie H.G. Wells und John Ruskin (Ruskin war der Mentor von Cecil Rhodes und Lord Alfred Milner) sowie der Freimaurer, die die Jakobiner beim Ausbruch der berüchtigten Französischen Revolution anführten.

Es war Lord Milner, der den wilden Burenkrieg ins Rollen brachte, indem er die geballte Macht der britischen Armee gegen die kleinen Republiken der burischen Bauern hetzte. Er, wie auch Shelburne, hassten den Republikanismus. Diese notorischen Freimaurer verursachten unsagbare Verwüstungen, Elend, Schmerz und Leid und wirtschaftliches Chaos in allen Nationen, aber wir dürfen nicht vergessen, dass es William Petty, Earl of Shelburne, war, dessen Lehren sie inspirierten und all dies möglich machten.

Wir dürfen auch nicht vergessen, dass William Petty, der Earl of Shelburne, wie gesagt, in erster Linie ein Freimaurer war. Die freimaurerischen Rituale des 33 Grades lehren, dass es keinen Gott gibt, sprechen aber viel von alten bösen Kulten. Mesopotamien und Ägypten waren die Länder, in denen diese bösen Kulte praktiziert wurden, und von denen der Earl of Shelburne im Westen berichtete und nach denen der Club of Rome und die heutigen Wassermänner gestaltet sind, existierten seit der Antike. Sie hatten keine Rücksicht und kein Mitleid mit einer Mutter, deren Kind von den Priestern Baals von ihr weggerissen wurde, um als Opfer zu ihren Ehren in den eisernen Armen von Molok bei lebendigem Leib verbrannt zu werden.

Diese "Gesellschaften des Jagens und Sammelns", wie sie genannt werden, finden sich auch heute noch in einigen Freimaurerorden. Und täuschen Sie sich nicht, die Kulte sind die Verkörperung alles Bösen, Kulte wie der des Dionysos, dem die mächtigen Führer des europäischen Königshauses angehören, Magna Mater, Isis, Astarte, das Böse, der niederträchtige chaldäische Kult, und der Luzifer-Kult oder der Luzifer Trust, der kürzlich als Lucius Trust bezeichnet wurde und dem Robert McNamara, Cyrus Vance und viele Honoratioren des östlichen Establishments angehörten.

(Lassen Sie mich erwähnen, dass es noch viele andere Kulte gibt, denen mehrere hochrangige Freimaurer angehören - jene, die mit dem Orden der Einen Weltregierung verbunden sind -, und ich werde im Laufe der Zeit darauf eingehen).

Bevor ich jedoch im Detail darauf eingehe, was die Freimaurer der Neuzeit tun, um eine Neue Weltordnung-Utopie des Wassermannzeitalters zu errichten, möchte ich auf die historischen Freimaurerfiguren der Amerikanischen Revolution, des Krieges zwischen den Staaten, der gemeinhin als Bürgerkrieg bezeichnet wird, eingehen und dann bis in die jüngste Zeit fortfahren.

Ich hoffe, ich kann Ihnen zeigen, dass sich eine rote Linie des Hasses auf die amerikanische Republik seit über 250

Jahren durch unsere Geschichte zieht und dass dieser Hass heute stärker ist als je zuvor, da Amerika in seine letzte Phase eintritt, bevor die Dämmerung des neuen Zeitalters der Finsternis dunkel über die Erde und alle ihre verbliebenen Bewohner hereinbricht.

Bevor ich auf einige dieser Details eingehe, möchte ich sagen, dass der Hass auf das Christentum im Jahr 2008 noch stärker ist als im Mittelalter. Es sollte erwähnt werden, dass es kaum einen Unterschied zwischen den Zielen und Objekten der freimaurerischen Verräter im heutigen östlichen Establishment und der Politik des internationalen Sozialismus gibt. "Unsere" Verräter haben immer mit ihren Gegenstücken in Venedig kooperiert. Tatsächlich waren es die "Blaublüter" in Amerika und die mit der schwarzen Welfenfraktion in Europa verbündeten Freimaurer, insbesondere Lord Alfred Milner, der Freimaurer des schottischen Ritus, die Wladimir Lenin geschaffen haben.

Wie ich bereits erwähnt habe, war die bolschewistische Revolution keine obskure Bewegung, der es gelang, eine bedeutende Nation zu stürzen und zu versklaven. Sie war vielmehr das Ergebnis einer Planung und Verschwörung der Freimaurer, die 1776 mit dem Krieg gegen die katholische Kirche unter der Führung des Jesuiten Adam Weishaupt begann. Nicht nur die Verschwörung zur Vergemeinschaftung Russlands kam aus dem Westen, sondern auch das immense Vermögen, das für ihre Durchführung notwendig war!

Als die amerikanischen Siedler hingegen ihren Kampf aufnahmen, um sich vom Joch der von Georg III. auferlegten Leibeigenschaft zu befreien, wurden sie von niemandem außer sich selbst unterstützt! Die katholische Kirche Kanadas, die von den Jesuiten dominiert wurde und in deren Reihen sich mehrere Freimaurer befanden, spielte eine Schlüsselrolle beim Verrat der amerikanischen Sache während des Krieges von 1776, indem sie dem Verräter Aaron Burr, einem ehemaligen Vizepräsidenten der Vereinigten Staaten, der mich an so viele unserer ehemaligen Präsidenten erinnert, half.

Es waren die katholischen Jesuiten, die Burrs Überfahrt organisierten, damit er für die Briten spionieren konnte. Eine weitere Persönlichkeit, die von den Staatsoberhäuptern der Briten, der Schweiz und Genua nach Amerika geschickt wurde, war Albert Gallatin, ein Freimaurer, der sich in die Machtstruktur des neuen Landes hineinarbeitete und sich daran machte, es von innen heraus zu zerstören. Sein heutiges Gegenstück ist Paul Volcker, ehemaliger Vorsitzender der Federal Reserve während einer der turbulentesten Zeiten in der Geschichte der USA und heute, im Jahr 2009, Wirtschaftsberater von Präsident Obama.

William Shelburne, der Freimaurermeister, Meisterspion und Drahtzieher der Französischen Revolution, koordinierte die Aktivitäten all jener, die sich dem Kampf verschrieben hatten, die gefährliche neue Amerikanische Republik auszurotten, bevor sie zu einem Vorbild für die ganze Welt werden konnte. Zu diesen Feinden gehörte auch Robert Livingston vom Komitee des Kontinentalkongresses. Shelburne sorgte dafür, dass der Titel des Leading Scottish Rite Mason von seinem Großmeister William Walter, der 1783 in der britischen Armee war, auf den neuen Großmeister Livingston überging.

Livingston wurde als Großmeister der Großloge von New York inthronisiert, eine Position, von der aus er unaufhörlich für die Familien London-Venedig-Genua-Genf arbeitete, die noch heute die größten Reichtümer dieser Welt kontrollieren. Zu diesem berüchtigten Kreis gehörten auch die Senatoren Hillhouse, Pickering, Tracy und Plummer, die alle Freimaurer waren und eine führende Rolle bei dem Versuch spielten, ihre Staaten zur Abspaltung von der Union zu überreden. Wie bereits erwähnt, waren sie alle Freimaurer, ebenso wie ihr Vertrauter und Mitverschwörer, der britische Botschafter in den USA, Anthony Mary. Als Burr, der Freimaurermeister, als Verräter entlarvt wurde, weil die Verschwörung, Louisiana für die Briten einzunehmen, schiefgelaufen war, floh er zu seinen Freimaurerfreunden in England, so wie Roberto Calvi zu seinen Freimaurerfreunden des schottischen Ritus in England flüchtete. Im Gegensatz zu Calvi, der von seinen sogenannten "Freunden" ermordet wurde, wurde Burr jedoch vom Grafen von Shelburne als Held empfangen. Übrigens war es John Jacob Astor, der Burrs Reise bezahlte. Astor war völlig einverstanden mit dem, was Shelburne glaubte, nämlich der Anbetung des satanischen Chaldäerkults, eines Kults, der so mächtig war, dass er zu einer bestimmten Zeit in der Geschichte das gesamte persische Reich unter seiner Kontrolle hatte. Der chaldäische Kult wird in der christlichen Bibel weitgehend verurteilt.

Familien in Großbritannien, Genua, Venedig und der Schweiz sind die Nachfahren derjenigen, die den Freimaurer Shelburne anführten, um die junge amerikanische Republik zu zerschlagen. Vom Opiumhandel befleckte Familien wie Mallet, Pitt, Dundes, Gallatin und in Amerika Livingston, Pickering sowie das Verräternest Harvard bilden den Kern der Liberalen des östlichen Establishments und ihrer Vorfahren, die Amerika hassen und voll und ganz vorhaben, es zu zerschlagen, wie

Shelburne es ihnen vor 250 Jahren befohlen hatte.

Einer der hartnäckigsten in diesem Unterfangen war der englische "Ökonom" und führende Freimaurer Thomas Malthus. So wie Marx von einer europäischen jesuitisch-freimaurerischen Verschwörung geschaffen wurde, schufen sie auch Malthus.

Malthus war ein Spion im Dienste der Britischen Ostindien-Kompanie, der britischen Kolonialorganisation, die für das Sammeln von Rohstoffen und die Liquidation von Vermögenswerten zuständig war, vergleichbar mit dem heutigen Internationalen Währungsfonds. Doch die falsche ökonomische Prämisse, für die Malthus bekannt wurde, wurde in Wirklichkeit von einem anderen Freimaurer verfasst, dem Grafen von Ortes aus der venezianischen Bankiersfamilie Ortes.

Der schwarze venezianische Adel, der über die Aktivitäten des Amerikaners Benjamin Franklin erbost war, beauftragte und bezahlte den Freimaurer Ortes mit der Abfassung einer Widerlegung von Franklins Werk. Im Wesentlichen unterstützte Franklin die biblische Anweisung, fruchtbar zu sein und sich zu vermehren. Franklin vertrat die Ansicht, dass wirtschaftlicher Wohlstand aus einem Anstieg der Bevölkerungszahl resultieren würde. Der schwarze Adel mit seiner "Jäger-und-Sammler"-Mentalität war der Ansicht, dass man nur einen Teil der gemeinsamen Herde behalten sollte, um ihr zu dienen.

Sie glaubten an Völkermord, und daraus leitete der Club of Rome seine Ideen für die Agenda Global 2000 ab. Ortes' Schriften im Namen der "adligen" Familien waren sehr antiamerikanisch, gegen Franklin gerichtet und seine Ideen wurden von anderen Freimaurern wie dem Premierminister William Pitt und später von Malthus aufgegriffen, weiterentwickelt und ausgeweitet, nachdem er ein Stipendium und eine Ausbildung vom Freimaurer des schottischen Ritus, Lord Shelburne, erhalten hatte. Malthus schrieb später sein Werk *On Population, das* in direktem Widerspruch zu Franklins Arbeit stand.

KAPITEL 18

MALTHUS UND BENJAMIN FRANKLIN

Malthus hasste die Arbeit von Benjamin Franklin, der von denselben Familien verachtet wurde, die sich in dieser Liste von Verrätern finden, "*America's 60 Families*", die von dem Freimaurer Frederick Lundberg veröffentlicht wurde.

Diese Familien glauben, dass sie das "Nonplusultra" Amerikas sind. Sie glauben, dass sie das inhärente Recht haben, zu entscheiden, wer leben und wer sterben soll und wer über das Schicksal Amerikas entscheiden soll.

Die Nachkommen dieser 60 Familien haben erbittert dafür gekämpft, die Amerikanische Republik zu zerstören und alle Überreste zu zerschlagen. Ihre Nachfahren tun heute das Gleiche und machen dort weiter, wo ihre Vorfahren aufgehört haben. Dieser sektiererische Abszess muss aus dem Körper Amerikas herausgeschnitten werden, wenn wir überleben wollen, und je früher, desto besser.

Die meisten Amerikaner, mit denen ich gesprochen habe, haben nur eine schwache Vorstellung vom Ausmaß der Demütigung und Schande, die wir während des Falklandkriegs erlitten haben, eine Schande, die wir durch die Entwürdigung des Irakkriegs weiterhin erleiden, und das aus gutem Grund. Wir hätten den britischen

Freimaurern die Stirn bieten und sagen sollen: "Nein, wir werden niemals das Andenken eines großen amerikanischen Patrioten verraten". Stattdessen haben wir den amerikanischen und britischen Freimaurern erlaubt, das Grab von John Quincy Adams zu zertrampeln und ihr Triumphritual um seinen Grabstein abzuhalten. Ich habe damals den Verrat der Falklandinseln betrauert und tue dies jetzt im Jahr 2009 mit dem Verrat unserer Ehre im Irakkrieg. Dies ist eine der dunkelsten Seiten unserer Geschichte. Wir dürfen sie nicht vergessen. Wir müssen uns bemühen, die Oligarchenfamilien und die Kontrolleure des Schicksals Amerikas von den Falklandinseln zu vertreiben und sie an ihre rechtmäßigen Besitzer, das argentinische Volk, zurückzugeben. Wir dürfen nicht ruhen, bis das Andenken an die 20.000 Seeleute der amerikanischen Flotte, die vor dem Krieg von 1812 von der britischen Marine gefangen genommen und versklavt wurden, gerächt ist.

Solange wir zulassen, dass britische "Adelsfamilien" die Falklandinseln regieren, werden wir nie wieder den Namen und das Andenken eines großen Amerikaners, John Quincy Adams, verehren können. Solange wir das nicht tun, werden wir es nicht wagen, uns eine gottesfürchtige, christliche Nation zu nennen. Die drei Verratsfälle, die uns am meisten ärgern, sind die Falklandinseln, Südafrika und Simbabwe. Ich für meinen Teil kann nicht ruhen, solange die Urheber dieser Verbrechen ungestraft bleiben; Verbrechen, die von mächtigen Elementen der Freimaurerbewegung geplant und umgesetzt und von ihren amerikanischen Dienern in der Regierung der Vereinigten Staaten ausgeführt wurden.

Es sind die "60 Familien", die Vorfahren der heutigen Ostküstenliberalen, die die Amerikanische Revolution und den Republikanismus bekämpften und in den folgenden Jahren eine Tragödie nach der anderen planten und herbeiführten, nicht zuletzt die von Satan beherrschte und von einem Kult geleitete Organisation der Vereinten Nationen. Es sind diese Familien und ihre Hintergründe, die uns die Kulte der Freimaurer, Gnostiker, Brahmanen, Illuminaten, Isis, Osiris und Dionysos anstelle des reinen Evangeliums Christi beschert haben.

Es sind die Mitglieder des liberalen Establishments. Die Leute, die uns die alte und akzeptierte Untergrundfreimaurerei des (amerikanischen) Schottischen Ritus beschert haben, die offiziell erst 1929 gegründet wurde, in Wirklichkeit aber schon 1761 entstand und daher sehr aktiv in ihrem Krieg gegen die junge amerikanische Nation war. Am Rande sei erwähnt, dass die berühmte Historikerin Lady Queensborough behauptet, dass die Riten auf alten kabbalistischen Ursprüngen beruhen.

Albert Mackey, der Mann, der sich eingehend mit der Freimaurerei befasst hat, erklärte Folgendes:

> Die Freimaurerei verspricht den Menschen die Erlösung durch Zeremonien, die von Menschen erfunden, von Priestern verwaltet und von Dämonen bewohnt werden. Sie ist die Summe und Substanz aller falschen Religionen auf der Erde und wird sie schließlich gegen Christus vereinen. Doch der einzige Gegner, den die Freimaurerei fürchtet, ist Christus, der sich weigerte, Satan anzubeten, und seine Jünger.

Die von der Freimaurerei versprochene "Rettung" hätte beinahe zum Scheitern der amerikanischen Republik 1812 und 1861 geführt, zum schrecklichen Krieg zwischen den Staaten, dem sogenannten "Bürgerkrieg", der über 400 000

Menschen das Leben kostete - eine Tatsache, die von den Historikern des Establishments (den einzigen in den USA zugelassenen) nie hervorgehoben wurde. Diese schreckliche Bilanz übertrifft die Zahl der im Ersten und Zweiten Weltkrieg getöteten US-Soldaten! Denken Sie gut über diese Tatsache nach und prägen Sie sie sich ein, denn unsere sogenannten "Historiker" versuchen, diese lebenswichtige Statistik unter den Teppich zu kehren.

Und was war die Entschuldigung für diesen Bruderkrieg zwischen den Staaten? Vordergründig wurde der Krieg geführt, um die Schwarzen zu emanzipieren, aber die große Mehrheit von uns weiß heute, dass er andere Gründe hatte.

Interessanterweise haben die Sklavenhalterfamilien im Norden ihr Vermögen mit dem gemacht, was sie verurteilten. Sie kombinierten den Sklavenhandel mit dem Opiumhandel nach China, und so kamen die blaublütigen Adligen aus Oxford, die Harvard-Absolventen und die "noblen" Familien aus Boston und Umgebung zu ihrem Vermögen, und in diesen Drogenhandel sind ihre Nachkommen noch heute verwickelt. Ich muss jedoch die Sklaverei, den Opiumhandel, die "Olympier" und die drogengetränkte "herrschende Klasse" beiseite lassen, um zum eigentlichen Thema zu kommen.

Lassen Sie mich beiläufig wiederholen, dass jede der Familien, die sich für die Elite der "Königsfamilien" Amerikas halten, ihr Geld mit dem Opium- und Sklavenhandel verdient hat. Sagen Sie das dem Autor von *America's Sixty Families* und sehen Sie zu, wie er sich in Sicherheit bringt! Herr Lundberg würde natürlich niemals auf die Idee kommen, seine berühmten Kunden bloßzustellen. Ich möchte nun zu den späteren Ereignissen nach dem Bürgerkrieg übergehen, der von Anfang bis Ende von einer Freimaurerverschwörung angestiftet und gesteuert wurde, und zwar durch Personen wie Caleb Cushing und Lloyd Garrison.

Es besteht kein Zweifel daran, dass die Drahtzieher der Verschwörung zur Zerstörung Amerikas, die im Krieg zwischen den Staaten gipfelte, auf beiden Seiten des Konflikts allesamt Freimaurer des schottischen Ritus waren. Nebenbei sei erwähnt, dass auch die Ermordung von Präsident Lincoln eine jesuitisch-freimaurerische Verschwörung war.

Diese Freimaurer, die mit den venezianischen schwarzen Adelsfamilien Contarini und Pallavicini verbündet waren, und das jesuitische Spionagenetzwerk hätten Lincoln nicht ermorden können, wenn die Familien des östlichen Establishments und die Cecil-Familie in England nicht mitgewirkt hätten. So triumphierte die jesuitische Rosenkreuzer-Sekte um Robert Fludd über das amerikanische Volk, seine Verfassung und seine Republik und genoss die Ermordung des Präsidenten als eine ihrer "Trophäen".

Was war also das Motiv der Freimaurer-Verschwörung, die darauf abzielte, die Vereinigten Staaten zu zerstören und eine einzige Weltregierung zu errichten? Das Motiv war Hass, ein tiefer und fanatischer Hass auf das Ideal der Republik, die Idee, dass die Menschen von der Leibeigenschaft und der feudalen Macht befreit werden könnten, die von den alten venezianischen, genuesischen und britischen Familien ausgeübt wurde.

Allein die Vorstellung, dass es den Menschen in einer republikanischen Regierungsform freisteht, jede

Entscheidung, mit der sie nicht einverstanden sind, durch Ausübung ihres Wahlrechts anzufechten, war diesen selbsternannten Herrschern völlig zuwider. Sie waren der Ansicht, wie sie es auch heute noch sind, dass ihnen das alleinige Recht zusteht, über das Schicksal der Menschen des Volkes zu entscheiden. Deshalb war die christliche Religion, die die individuelle Freiheit betont, das Ziel ihres Hasses und deshalb liebten so viele dieser alten Familien den Sklaven- und Opiumhandel genauso wie sie heute den Drogenhandel lieben. Der Mensch war und ist für sie nichts anderes als ein Sklave, der lediglich dazu taugt, ausgebeutet zu werden. Wie Fürst Metternich einmal sagte: "Für mich beginnt die Menschheit mit den Baronen". Übrigens war Metternich der Held und das Vorbild von Henry Kissinger. Diese alten Familien konnten so handeln, weil sie nicht an einen wirklichen und lebendigen Gott glauben! Es stimmt zwar, dass sie sich hin und wieder formal auf Gott und das Christentum berufen, wie es bei der britischen Königsfamilie der Fall ist. Aber sie glauben nicht, dass Gott existiert!

Mehr noch, diese verschachtelte Kraft der Familien des östlichen Establishments, die rosenkreuzerischen jesuitisch-schottischen Bankiersfamilien in Venedig, London, Genua, Boston, Genf, Lausanne, Bern usw. hassen mit einer fast gewalttätigen Besessenheit eine merkantilistische Gesellschaft, die auf industriellem Wachstum und Technologie beruht und sich auf den Industriekapitalismus stützt.

Die motivierende Kraft, der Grund für eine Verschwörung für eine vereinte Welt, wie wir sie in ihren sichtbaren Elementen durch den Club of Rome, die Mont-Pèlerin-Gesellschaft, die Cini-Stiftung, die Bilderberger und die Trilaterale Kommission, die Royal Society for International

Affairs, den Council on Foreign Relations und die Aquarianer sehen, ist die Zerstörung der christlichen Religion zuerst, gefolgt von den anderen Religionen (insbesondere der muslimischen Religion) und dem Ende des industriellen Wachstums, der Zerstörung der Technologie und einer Rückkehr zum Feudalismus und dem neuen dunklen Zeitalter, alles begleitet von einer enormen Bevölkerungsreduktion, die ihre Pläne erfordern, da die Millionen von "nutzlosen Essern" in einer postindustriellen Gesellschaft nicht mehr benötigt werden.

Zu meinen zahlreichen "Premieren" gehören Arbeiten über die interreligiöse Konferenz in Bellagio, den Bericht Global 2000, eine Ausstellung über die Existenz der geheimsten Freimaurerloge, der Loge Quator Coronati, und den Club of Rome, Nullwachstum und eine postindustrielle Gesellschaft; die Verschwörung zur Auslösung eines heiligen Krieges in Jerusalem, beginnend mit einem Angriff auf die Felsendom-Moschee.

Zu den weiteren Enthüllungen gehören *Wer ermordete Präsident John F. Kennedy, Die P2-Freimaurer-Verschwörung, Wer tötete Papst Johannes Paul I., Der Mord an Roberto Calvi und Haigs Rolle bei der israelischen Invasion im Libanon.* Heute ist die Verschwörung der Freimaurer als Diener des schwarzen Adels und seiner amerikanischen "Aristokratie" weit fortgeschritten. Wie ich vor 20 Jahren vorausgesagt hatte, wurden die Stahlindustrie, der Schiffbau, die Werkzeugmaschinen und die Schuhindustrie allesamt zerstört; das Gleiche geschieht in Europa.

Was den Bericht Global 2000 betrifft, so starben Millionen Schwarzafrikaner, weil den hungernden Nationen Afrikas die Nahrungsmittelversorgung verweigert wurde. Tausende

Menschen starben auch an HIV/AIDS. Begrenzte Kriege, die von dem Erzsatanisten, Freimaurer Bertrand Russell und "Dr. Strangelove" Leo Szilard und seinem Teufelsanbetungskult Shakti Ishtar für wünschenswert und notwendig erklärt wurden, werden im Iran, in Mittelamerika, Südafrika, im Nahen Osten und auf den Philippinen usw. geführt.

Meine Antwort ist, dass die christliche Bibel sagt: "Gott sah auf sie (die Prä-Adamiten) und sah, dass sie nicht gediehen waren." Gott hat uns geschickt, um diesen Menschen zu helfen, ihre Funktion auf der Erde zu erfüllen - was auch immer das sein mag, und ich habe keine Ahnung, was das ist -, aber nicht, um sie zu ermorden. Szilard und sein Freund Bertrand Russell beklagten die Tatsache, dass die Kriege nicht genug Menschen beseitigt hatten, wie Russell in seinem 1923 erschienenen Werk *Prospects of Industrial Civilization* beschreibt, aus dem hier ein Auszug folgt:

> Der Sozialismus, insbesondere der internationale Sozialismus, ist nur dann als stabiles System möglich, wenn die Bevölkerung stationär oder nahezu stationär ist. Einem langsamen Anstieg kann man mit verbesserten landwirtschaftlichen Methoden begegnen, aber ein schneller Anstieg muss am Ende die gesamte Bevölkerung reduzieren.

Russells falsche Vorstellungen basieren auf satanischen malthusianischen Prinzipien, die wiederum auf einem Hass auf Nationalstaaten, Republikanismus und einen kapitalisierten Industriestaat basieren, der auf einer traditionellen merkantilen Basis funktioniert. 1951 schrieb Russell *The Impact of Science upon Society,* und hier sind einige der wichtigsten Ideen, die dieses Werk vereint:

Krieg war in dieser Hinsicht bislang enttäuschend (d. h. Bevölkerungsreduktion), aber vielleicht könnte sich die bakteriologische Kriegsführung als effektiver erweisen. Wenn sich eine schwarze Pest (die Pest des Mittelalters und HIV) einmal pro Generation über die Welt verbreiten könnte, könnten sich die Überlebenden ungehindert fortpflanzen, ohne die Welt zu voll zu machen. Der Zustand der Dinge mag unangenehm sein, aber wie sieht es aus? Menschen auf sehr hohem Niveau sind gleichgültig gegenüber dem Glück, vor allem gegenüber dem Glück anderer.

Russell, der sich selbst als Friedensstifter bezeichnete, war ein falscher Prophet der Freimaurerei und der Anführer der CND, der Kampagne für nukleare Abrüstung.

Er war die Stimme des Propheten des östlichen Establishments Jesuiten, Freimaurer, Rosenkreuzer und Mitglied des schwarzen amerikanischen Adels. Diese selbsternannten Führer der Welt werden so arrogant, dass sie manchmal nicht mehr schweigen können. Man beachte nur den Hinweis auf den Schwarzen Tod, der im Mittelalter über die Welt hinwegfegte.

Die Pest war keine "Tat Gottes", da Gott natürlich kein Mörder ist, obwohl wir ihn oft für den Tod von Menschen verantwortlich machen, aber meiner Meinung nach, die auf 30 Jahren Forschung beruht, war es eine bewusste Tat durch die Vorgeschichte der heutigen "Olympier", dem "Club der 300". Das ist keine weit hergeholte Theorie.

Zugegeben, ich habe es noch nicht bewiesen, aber es gibt zu viele Hinweise und Strohhalme im Wind, um es zu ignorieren. So wie Dr. Leo Szilard im Film *Dr. Strangelove* als Fiktion dargestellt wird, wurden auch die tödlichen

Viren, die sich derzeit im Besitz der Verschwörer befinden und im Film *Der Stamm der Andromeda dargestellt werden, in* diesem Film als Fiktion dargestellt. Es handelt sich jedoch nicht um Fiktion. Übersehen Sie nicht die Tatsache, dass Alchemisten und der Schwarze Adel seit dem 14 Jahrhundert medizinische Experimente durchgeführt haben.

Die tödlichen Viren, gegen die das Wundermittel Myosin völlig wirkungslos ist, werden derzeit unter strengsten Sicherheitsvorkehrungen im CDC gelagert. Entgegen der offiziellen Version wurden nicht alle diese Viren verbrannt.

Das sollte Sie davon überzeugen, dass meine Vorhersagen nicht nur leere Worte sind. Wir werden im 21 Jahrhundert viel mehr "schwarze Pest" sehen - neue und seltsame Seuchen, von denen wir nicht wissen, wie wir sie nennen sollen, sowie neue und tödlichere Stämme von Cholera, Malaria und Tuberkulose. Niemand soll sagen, wir seien nicht vor den Pandemien gewarnt worden, die über die Erde hereinbrechen und Millionen von Menschen dahinraffen werden. Schließlich wurden die Ziele der "300" klar und deutlich formuliert. Man muss sich nur an die Worte von Aurelio Peccei, dem Gründer des Club of Rome, erinnern, der 1969 erklärte:

"... der Mensch ist ein Krebsgeschwür für die Welt".

KAPITEL 19

IST DIE FREIMAUREREI MIT DEM CHRISTENTUM VEREINBAR?

Während Jahrhunderten haben sich die Freimaurer bemüht, die Bewegung als vollständig mit dem Christentum vereinbar darzustellen. "Nichts hindert einen Freimaurer daran, Christ zu sein" ist eine der ältesten Behauptungen der Freimaurerei. In diesem Buch werde ich versuchen, Vergleiche zwischen dem, was ich das Christentum des Neuen Testaments nenne, und seinem ärgsten Feind, der Freimaurerei, anzustellen. Die Beweise, die ich sammeln konnte, stammen hauptsächlich von Verwandten von Freimaurern und ehemaligen Freimaurern, die unter der Bedingung, nicht identifiziert zu werden, mit mir gesprochen haben. Diejenigen, die den Eid des Freimaurergeheimnisses brechen, wissen, dass die Höchststrafe für eine solche Übertretung in den meisten Fällen der Tod ist.

Tausende von Büchern wurden für und gegen die Freimaurerei geschrieben. Die katholische Kirche hat sich in ihrem Widerstand gegen die Freimaurerei standhaft und entschlossen gezeigt. Die protestantischen Kirchen waren leider nicht so einig gegen diesen gefährlichen Feind, wie sie es hätten sein sollen. Ich werde mich hier mit neueren Untersuchungen über die Freimaurerei befassen. Im Jahr 1952 stieß ich auf ein sehr interessantes Buch mit dem Titel *Darkness Visible* von Walton Hannah.

Dieses Buch ist von unschätzbarem Wert für jeden, der versucht, den Schleier des Geheimnisses zu lüften, der die Freimaurerei so viele Jahrhunderte lang geschützt hat. Der gleiche Autor, Walton Hannah, veröffentlichte später einen Artikel mit dem Titel "Should a Christian be a Freemason? "Ein Freimaurer innerhalb des Christentums, Reverend R. C. Meredith, nahm diese Herausforderung an die Geheimnisse der Freimaurerei an. Sehr mutig forderte Reverend Meredith die Kirche heraus, zu beweisen, dass ein Freimaurer auch ein Christ sein kann.

Meredith, die in Oxford studierte, bewegte sich in linken Kreisen und nahm an verschiedenen pro-linken Debatten teil, die in den 1930er Jahren sehr populär waren. Es war die Zeit in der britischen Geschichte, in der es schick war, Sozialist zu sein, in der der Fabianische Sozialismus boomte, in der es in Mode war, für die Sowjetunion zu arbeiten - dieselbe Zeit, die uns Bulwer, Lytton, Alfred Milner und Kim Philby beschert hat. Aus der Milner-Gruppe wurde schließlich das, was wir heute als Royal Institute for International Affairs (RIIA) bezeichnen.

Reverend Meredith schlug kühn vor, dass eine Untersuchung der anglikanischen Kirche über die Freimaurerei eingeleitet werden sollte. Sein Vorschlag an die Kirchenversammlung von 1951 lautete wie folgt:

> Aufgrund der breiten Öffentlichkeit, die der Artikel von Walton Hannah gefunden hat, ist es notwendig, dass eine Kommission ernannt wird, zu deren Mitgliedern Personen gehören, die in der Wissenschaft der vergleichenden Religionen bewandert sind, um die von Herrn Hannah in diesem Artikel gemachten Aussagen zu untersuchen; die Aufmerksamkeit der Bischofskammer sollte auf alles gerichtet werden, was in diesem Artikel dargelegt wird.

Es ist sehr interessant, dass Meredith sich sogar indirekt auf die Freimaurerei als eine Religion bezieht. Meredith war sich so sicher, dass seine Resolution angenommen würde und die Freimaurerei durch die Hunderte von Freimaurern in der anglikanischen Hierarchie, die mächtige Positionen in der Kirche innehaben, reingewaschen würde, dass er sich nicht einmal die Mühe machte, die vorgeschlagene Untersuchung mit Auflagen zu versehen. Das war sehr ungewöhnlich. Wenn Freimaurer der Kirche erlauben, eine Untersuchung über ihren Geheimbund durchzuführen, dann in der Regel mit den strengsten Einschränkungen, sodass das Ergebnis der Untersuchung von vornherein feststeht: Die Freimaurerei und die christliche Kirche sind tatsächlich kompatibel. Seit der Veröffentlichung von Walton Hannahs Buch im Jahr 1952 ist auf den verschiedenen Generalsynoden der anglikanischen Kirche die Sorge um die wahre Natur der Freimaurerei-Eide, die Notwendigkeit der Geheimhaltung als integraler Bestandteil der Freimaurerei, die wahre Rolle der Freimaurerei und die Reichweite ihrer allgemeinen und geheimen Aktivitäten gewachsen. Diejenigen, die versuchen, den von der Freimaurerei auferlegten Riegel des Schweigens zu sprengen und ihre dunklen Geheimnisse zu enthüllen, zitieren oft General Ludendorf. In jüngerer Zeit wurde die Freimaurerei als "eine Art Mafia" oder "die einzige Möglichkeit für jeden, der im Handel oder in der Regierung tätig ist, schnelle Fortschritte zu machen" beschrieben.

Wenn echte Fortschritte in dieser Richtung gemacht wurden, d. h. wenn die Untersuchungen der Kirche erfolgreich zu sein schienen, schrien die Schakale der Presse "Hexenjagd". Über die Freimaurerei in ihrem wahren Licht zu sprechen, die Maske vom gutartigen Gesicht der Freimaurerei zu reißen, wurde zu einem riskanten Unterfangen. Die Freimaurerei hat auf

Missbrauchsvorwürfe immer mit der Entschuldigung reagiert, dass sie "nur ein Beispiel für einen schlechten Fall unter Millionen von Beispielen für das Gute, das sie tut" seien.

Die mafiösen und finsteren Aspekte der Freimaurerei wurden nie offen diskutiert, was erklärt, warum die Freimaurerei so kühn mit Merediths Resolution umging; sie wusste, dass sie durchkommen würde - und sie tat es auch. Stephen Knights Buch *The Brotherhood; the Secret World of Masonry aus* dem Jahr 1984 stieß sofort auf diese Art von Reaktion. Kritiker, Literaten und religiöse Persönlichkeiten bezeichneten das ausgezeichnete Buch als "schlecht recherchiert und voller unbestätigter Daten".

Der Versuch, die Freimaurerei zu beschreiben, ist eine mühselige Aufgabe. Man kann sagen, dass es sich um den größten Bruderorden der Welt handelt, mit inoffiziell fast 3,5 Millionen Mitgliedern allein in den USA. Über 50.000 Bücher und kürzere Werke wurden seit 1717, als die Freimaurerei zum ersten Mal öffentlich bekannt wurde, zu diesem Thema geschrieben.

Sie hat mehr Hass hervorgerufen als jede andere säkulare Organisation auf der Welt. Männer, die dem mormonischen oder katholischen Glauben angehören, dürfen ihr nicht beitreten. In einigen Ländern ist sie verboten. Die Freimaurerei wurde von Hitler und Mussolini und später von General Franco für illegal erklärt. Die Londoner Metropolitanhierarchie ist im Wesentlichen freimaurerisch geprägt.

Unter den Freimaurern gab es viele Könige und Potentaten: Eduard VII, Eduard VIII, Friedrich der Große, König

Haakon von Norwegen und König Stanislaus von Polen sind nur einige Beispiele, die mir in den Sinn kommen.

Die Präsidenten der Vereinigten Staaten, die den Freimaurereid ablegten, waren: James Monroe, Andrew Jackson, James K. Polk, James Buchanan, Andrew Johnson, James A. Garfield, Theodore Roosevelt, William Howard Taft, Warren C. Harding, Franklin D. Roosevelt, Harry S. Truman, Lyndon Johnson, Gerald Ford und Ronald Reagan.

Zu den Freimaurern im Bereich der Musik gehörten der Komponist des "Saint-Louis Blues" William Handy, John Philip Sousa, Gilbert und Sullivan, Sibelius und Wolfgang Amadeus Mozart, der ermordet wurde, weil er in der "Zauberflöte" Freimaurergeheimnisse enthüllt hatte.

Nicht einer der Rezensenten von Knights Buch wies darauf hin, dass die Freimaurerei niemals die Daten über ihre dunkelste Seite, ihre bösartigen Handlungen und ihre Wirkung auf den Lauf der Geschichte bestätigt. Mazzini schien manchmal einige der Übel und Untaten der Freimaurerei in der internationalen Geopolitik zu bestätigen, aber nur im historischen Kontext, bereits bekannte Daten; er spielte immer auf den Einfluss der Freimaurerei auf diese Ereignisse an, aber er bestätigte ihre Rolle nie in einer streng wissenschaftlichen Weise.

Um Knights Behauptung, sie habe in hohen Regierungskreisen und bei der Metropolitan Police, insbesondere beim Criminal Investigate Department (CID), ungebührlichen Einfluss ausgeübt, und ihre Behauptung, mehr als 90% ihrer Inspektoren seien Freimaurer, zu diskreditieren, wurde einer der höchsten Vertreter des

Schottischen Ritus, Lord Hailsham, vom Großen Rat von England ausgewählt, um Knights völlig korrekte Anschuldigungen zu widerlegen. Der Lordkanzler von England nutzte die Macht und Majestät seines Amtes und schrieb einen Brief an die Zeitung *London Times,* in dem er Knights Darstellung lächerlich machte und herabsetzte. Das Patronatsbüro in Hailsham war mit "begünstigten Freimaurern" überfüllt. Weil eine so erhabene Person wie Hailsham an die ehrwürdige Institution *Times* geschrieben hatte, akzeptierte die Öffentlichkeit, dass Hailshams Dementis im Namen der Freimaurerei richtig waren und dass Knight Unrecht hatte. Knights wohlbegründete Anschuldigungen wurden wirksam widerlegt. Mit diesem gar nicht so subtilen Mittel schützt die Freimaurerei ihre eigenen Leute. Zu sagen, dass Knight keine bestätigten Daten vorgelegt hat und daher ignoriert werden kann, ist ein Beweis für die Macht und Allgegenwart der Freimaurerei. Dies gilt sowohl für die Vereinigten Staaten von Amerika als auch für Italien, Frankreich und Deutschland.

Als Beweis für Knights Ungenauigkeit schlägt die Freimaurerei den Fall Roger Hollis vor und zitiert Hollis, den Chef des MI5 während des Zweiten Weltkriegs, als Freimaurer. Hollis war in der Tat ein Freimaurer, der der Sowjetunion lebenswichtige militärische Geheimnisse verriet. Er war Gegenstand eines ausgeklügelten Versuchs der Freimaurer, die Veröffentlichung der Arbeit eines anderen guten Autors, Peter Wright, zu unterdrücken, dessen Buch die Doppelzüngigkeit von Roger Hollis aufdeckte.

Hollis war ein Mann, der amerikanische und britische Militärgeheimnisse an die Sowjets verriet, und er war die meiste Zeit seines Lebens Freimaurer. Ich kann hier nur kurz auf diesen Mann und seinen Verrat der USA und

Großbritanniens an der Sowjetunion eingehen.

Da Wright nicht durch Briefe an die *Times* diskreditiert werden konnte, versuchte das "James Bond"-Team des SIS, ihn zum Schweigen zu bringen - endgültig. Wright floh nach Australien, wo er von hochrangigen Personen geschützt wurde. Wright setzte alles daran, dass seine Darstellung über Roger Hollis in Australien veröffentlicht wurde, aber der lange Arm der schottischen Freimaurerei kam aus Großbritannien und mit einer höchst fragwürdigen und abgehobenen Argumentation reiste der Generalstaatsanwalt von Großbritannien nach Australien, um vor australischen Gerichten gegen die Veröffentlichung des Buches zu plädieren. Obwohl die Freimaurerei dies bestreitet und zur Untermauerung ihrer Dementis fehlende dokumentarische Beweise anführt, hat mir meine zuverlässigste Quelle im britischen Geheimdienst gesagt, dass sich die Freimaurerei in Großbritannien und Australien in einer gemeinsamen Anstrengung verbündet habe, um Wright zu verhaften. Das Buch sollte in Kanada und einige Monate später in Australien gedruckt werden. Diesmal gelang es den Freimaurern nicht, die Veröffentlichung der Wahrheit zu verhindern.

In London trotzten unterdessen drei Zeitungen der britischen Zensur und begannen, Auszüge aus Wrights Buch zu veröffentlichen. Die Pressezensur in Großbritannien wird sehr effektiv über die sogenannten "D Notices" umgesetzt. Wenn der Innenminister der Ansicht ist, dass ein Buch, eine Geschichte oder ein Artikel dem Staat schadet oder nicht im Interesse des Landes ist, erhalten Verleger, Zeitschriftenredakteure, Zeitungen usw. eine "D Notice", die sie daran hindert, die betreffende Geschichte zu veröffentlichen. Wenn der "D-Bescheid" nicht befolgt wird, hat der Generalstaatsanwalt das Recht, gegen die Zuwiderhandelnden vorzugehen, und die Gerichte verhängen in der Regel harte Strafen.

Dies ist das Recht auf "freie Meinungsäußerung" und "Pressefreiheit", das in Großbritannien geschützt wird. Gegen drei Londoner Zeitungen wurde Anklage erhoben, weil sie sich dem "Gutachten D" widersetzt hatten, das sie erhalten hatten und das ihnen die Veröffentlichung von Wrights Werk untersagte. Der Generalstaatsanwalt beschrieb ihr Verhalten bei der Ausübung ihres Rechts auf "Pressefreiheit" als vorsätzlichen und eklatanten Verstoß gegen das Gesetz. Alle, die sich gegen Wright stellten, waren Freimaurer des höchsten Grades, die sich bemühten, einen verstorbenen Freimaurer des 33 Grades vor einer totalen Bloßstellung zu schützen. "Schlecht dokumentiert, Mangel an bestätigten Daten? "Das ist möglich, aber aktuelle Ereignisse, die dann zur Geschichte werden, können selten, wenn überhaupt, "bestätigt" werden.

Wir alle kennen die Wahrheit über die Ermordung von John F. Kennedy und das Verhalten seines Bruders Edward in Chappaquiddick. Aber die "bestätigten Daten"? Sie sind in Rechtsakten und Gerichtsarchiven für die nächsten 99 Jahre eingeschlossen! So funktioniert das Establishment! Die Freimaurer sind da nicht anders. Sie schützen ihre eigenen Leute!

Nehmen Sie den Fall des Polizeipräsidenten der Stadt London, James Page. Die Freimaurer behaupten, dass seine schnellen Beförderungen nicht auf eine freimaurerische Patenschaft zurückzuführen sein können, denn, so sagen sie, er trat der geheimen Bruderschaft erst bei, nachdem er Polizeipräsident geworden war. Natürlich bleiben Logengeheimnisse Logengeheimnisse. Wer kann schon behaupten, dass Page den Freimaurern beitrat, als er noch ein junger Polizeibeamter war? Nur "diskreditierte" ehemalige Freimaurer, die natürlich als Lügner oder Schlimmeres angesehen werden! Es scheint, dass Page, wenn man den Präzedenzfällen Glauben schenkt, schon lange vor seiner Zeit als Polizeikommissar Mitglied der Loge war.

Dann ist da noch der Fall der ständigen Regierungsagenten im Finanzherz der Welt, der City of London. Knight und andere, darunter auch ich, sind sich sehr wohl der Tatsache bewusst, dass ihre einflussreichsten Mitglieder führende Freimaurer sind. Doch als Knight es wagte, diese Männer zu nennen, wurde er offiziell dementiert, nicht etwa, weil sie keine Freimaurer waren, sondern weil sie an den von Knight genannten Terminen nicht an den Treffen der Guildhall-Loge teilgenommen hatten.

Aufgrund ihres hohen Ranges wurde den Freimaurern eher geglaubt als Knight, dem später "grobe Ungenauigkeiten" vorgeworfen wurden. Ich habe einen Exkurs zum Thema der Bereitstellung von "dokumentarischen Beweisen und "bestätigten Daten" angesichts von Freimaurern in Positionen mit großer Macht und Einfluss, die die Reihen schließen, wenn sie angegriffen werden, gemacht. "Faktische Ungenauigkeiten", so reagierten die Mitglieder der Guildhall-Loge auf Herrn Knights Ausführungen darüber, wie die Freimaurerbruderschaft die Stadt London - und übrigens auch Westminster - kontrolliert.

Knight liefert eine überzeugende Erklärung dafür, wie die Freimaurerregister der englischen Logen in aller Welt gegen die Ermittler "versiegelt" wurden. Im Fall von Roger Hollis wurden die Freimaurerregister des Fernen Ostens sowohl Knight als auch Wright verschlossen, und es genügte, dass die Freimaurerei bestritt, dass Hollis jemals ein Freimaurer gewesen war, um beide Autoren wegen "Mangel an bestätigten Daten" zu diskreditieren. Schließlich neigt die Öffentlichkeit dazu, Eduard, dem Herzog von Kent, eher zu glauben als relativ unbekannten Autoren. Wenn die Freimaurerei Eduard VII. absetzen und seinen Sturz auf den Rücken von Frau Wallis Simpson legen konnte, war es relativ einfach, die Werke zweier hervorragender Autoren als "faktisch ungenau und ohne bestätigte Daten" zu bezeichnen.

Eine weitere sehr gute Darstellung der Freimaurerei ist die von Walton Hannah verfasste und veröffentlichte Darstellung *Darkness Visible*, die nicht nur von den wichtigsten Mitgliedern der Freimaurerei unter der Hierarchie der anglikanischen Kirche, sondern auch von sogenannten Literaturkritikern und selbsternannten "Experten", die da sind, um die Freimaurerei zu verteidigen, sehr scharf angegriffen wurde. Jede Untersuchung der Herkunft der von der Freimaurerei verwendeten Einweihungstexte und Rituale wäre allein schon ein Lebenswerk und würde wahrscheinlich sogar dann von einer geeinten Bruderschaft der Freimaurerei, die gegen jede Veröffentlichung, die ihrem Image schaden könnte, zusammengeschweißt ist, als "Mangel an bestätigten Daten" bezeichnet werden.

Mein intensives Studium der Freimaurerei in den letzten dreißig Jahren hat mich viel über die "Bruderschaft" gelehrt, insbesondere, dass es die vereinten Anstrengungen mehrerer wirklich anerkannter Experten für vergleichende Religionen bräuchte, um selbst die Einweihungsschwüre, die Einweihungstexte und -rituale vollständig zu dokumentieren. So konnte sich die Freimaurerei aufgrund der Natur eines so weitreichenden Unterfangens immer mit einem schwer zu durchdringenden Geheimnis umgeben.

Es ist äußerst schwierig, einen Fall gegen die ominöse Bruderschaft aufzubauen. Viele haben es mit mehr oder weniger Erfolg versucht, aber im Allgemeinen muss man sagen, dass die Freimaurerei trotz Dutzender bemerkenswerter Bücher, die die Freimaurerei als das entlarvt haben, was sie ist, relativ unbeschadet aus der Sache herausgekommen ist.

Wenn man eine Meinungsumfrage durchführen würde, und nicht diese politisch motivierten und professionell hergestellten Umfragen, mit denen Politiker gewählt werden, habe ich Grund zu der Annahme, dass 70% der breiten Öffentlichkeit sagen würden, dass die Freimaurerei eine wohlwollende Gesellschaft ist, die der Gemeinschaft viel Gutes tut!

Bei einer Debatte der Versammlung der anglikanischen Kirche im Jahr 1951 wurde deutlich, dass die "wohltätige" und "wohltätige" Arbeit, die die Freimaurerei leistet, nach wie vor im Vordergrund der Eindrücke steht, die die Menschen von der Freimaurerei haben. Es gibt eine Reihe von Büchern, die darauf hinweisen, dass "wohltätige Arbeiten" wie Straßensammlungen zugunsten verschiedener Wohltätigkeitsorganisationen in Wirklichkeit gar keine wohltätige Arbeit sind, da das Geld von der Öffentlichkeit und nicht von der Freimaurerei gespendet wird. Wenn die Freimaurerlogen öffentlich und regelmäßig große Geldsummen an Wohltätigkeitsorganisationen spenden würden, wäre ihr wohlwollendes Gesicht vielleicht nicht die Maske, die es in Wirklichkeit ist. Es stimmt, dass die meisten informierten Mitglieder der Öffentlichkeit sich nie die Frage stellen: "Warum erlauben wir einer so geheimen Gesellschaft, unter uns zu operieren, und was geschieht hinter ihren verschlossenen Türen? ".

Das kann auch gar nicht anders sein, denn wie sollte die Dame, deren Mann zu den Logensitzungen geht, auch nur das Geringste über die strengen Geheimhaltungsgesetze der Freimaurerei, die Grade des Handwerks und des Königsbogens wissen, ganz zu schweigen von der Omertà-Politik. Wenn sie einen neugierigen Geist hätte und gründliche Fragen stellen würde, würde ihr Mann ihr nur von den prächtigen Banketten und den Aktivitäten zum Sammeln von Geldern für wohltätige Zwecke erzählen, aber darüber hinaus würde sie nichts erfahren. Es ist kein Wunder, dass die öffentliche Wahrnehmung weit von der Wahrheit darüber entfernt ist, was die Freimaurerei wirklich ist!

KAPITEL 20

WANN, WO UND WIE ENTSTAND DIE FREIMAUREREI?

Die Literatur über die Freimaurerei füllt die Regale der meisten öffentlichen Bibliotheken, nur die Werke von Autoren, die sich auf unbequeme Weise der Wahrheit genähert haben, sind nicht verfügbar. Fragt man beim Bibliothekar nach, reichen die Antworten von "wir haben es nie gehabt" bis "es wurde vor einiger Zeit zurückgezogen".

Es gibt zahlreiche Bücher, die beweisen wollen, dass es keine Verbindung zwischen der "modernen" Freimaurerei, König Salomon und den Druiden gibt. Diese "technischen Fachbücher über Freimaurerei", wie sie mir ein Bibliothekar beschrieb, werfen immer einen Schatten auf die Verbindung zwischen der Freimaurerei und dem altägyptischen Kult von Isis, Dionysos und so weiter.

Selbst Walton Hannah zeigt als Wissenschaftler Zurückhaltung, wenn es darum geht, sich voll zu engagieren. In seinem Buch *Christians by Degrees* erklärt Hannah:

> Wenn die modernen Freimaurer, wie sie es tun, behaupten, sie seien die Verwalter und Hüter der alten Mysterien, deren rechtmäßige Erben sie sind, dann kann man ihnen nur zugestehen, dass es tatsächlich auffallende Parallelen

und Ähnlichkeiten gibt, sogar in den tatsächlichen Zeichen und Symbolen; die Symbolik jedoch sehr schwer zu präzisieren und zu dogmatisieren ist, ist es kaum bemerkenswert, dass die Freimaurerei und die freimaurerischen Mysterien von heute große Ähnlichkeiten mit den alten Mysterien und Religionen aufweisen, die wiederum viele Gemeinsamkeiten mit den freimaurerischen Mysterien haben.

Die Bibliotheken sind voll von Büchern, die versuchen, die Verbindung zwischen den Freimaurern und den Rosenkreuzern zu leugnen, obwohl der ernsthafte Student der Freimaurerei weiß, dass diese Verbindung sehr stark ist. Sir Roger Besomt war ein hochgradiger Freimaurer des Ägyptischen Ritus und es ist eine gut belegte Tatsache, dass er mit Sicherheit tief in die Theosophie und die Rosenkreuzer involviert war. Nehmen wir als Beispiel die britische Königsfamilie. Viele ihrer Mitglieder, darunter Prinz Charles und der Herzog von Kent, sind in die Rosenkreuzer involviert. Niemand bestreitet, dass beide Freimaurer sind. Die Freimaurerei hat nie eine angemessene Antwort auf die folgenden drei Fragen gegeben: Wo, warum, wann und wo entstand die Freimaurerei? Die Freimaurer haben immer kategorisch bestritten, dass sie als Gegenpol zum Christentum gegründet wurden und dass es sich dabei nicht um eine Religion handelt, aber ihre Leugnungen erschöpfen sich, wie wir gleich zu sehen beginnen werden.

John Hamill, Meister-Apologet der Freimaurerei, Bibliothekar und Kurator der Bibliothek und des Museums der Großloge, erklärt:

> Moderne Logen ähneln sehr denjenigen, die im 17 Jahrhundert existierten.

Seine Vorstellung von der Geschichte der Freimaurerei ist folgende:

> Die Großloge von England wurde am 24. Juni 1717 gegründet, und eine rivalisierende Großloge der Alten wurde 1751 offiziell gegründet; und dass diese beiden rivalisierenden Großlogen sich am 27. Dezember 1713 zusammenschlossen, um die Vereinigte Großloge von England, wie wir sie heute kennen, zu bilden.

Hamill erklärt uns jedoch nicht, warum ein Geheimbund notwendig ist.

❖ Was ist Freimaurerei?
❖ Warum suchen die Menschen nach ihr?
❖ Was ist die wahre Natur der Organisation, deren Verpflichtungen sie akzeptieren müssen, wenn sie ihr beitreten?

Trotz Tausender von Büchern, die uns erklären, was die Freimaurerei ist, gibt es immer noch viele Dinge über sie, die wir nicht vollständig kennen. In den frühen 1850er Jahren veröffentlichte die Großloge von England ein Pamphlet mit dem Titel "What every candidate should know" (Was jeder Kandidat wissen sollte), in dem es unter anderem heißt:

> Die Freimaurerei ist eine Gesellschaft von Männern, die historisch mit den mittelalterlichen operativen Freimaurern verbunden ist, von denen sie ihre privaten Erkennungsmerkmale, ihr Zeremoniell und viele ihrer Bräuche übernommen hat. Ihre Mitglieder halten sich an die alten Grundsätze der Bruderliebe (eine marxistische Idee - JC), der Erlösung und der Wahrheit, nicht nur untereinander, sondern auch in ihren Beziehungen zur Welt im Allgemeinen und durch rituelle Gebote und

Beispiele.

Wenn es etwas wirklich bedeutsam erklärt, muss ich gestehen, dass mir seine wahre Bedeutung nicht klar ist. Bibliothekar Hamill versucht jedoch, eine detailliertere "Erklärung" zu geben, indem er sagt:

> Der Initiationskandidat lernt schon früh in seiner freimaurerischen Laufbahn, dass die Grundprinzipien der Freimaurerei brüderliche Liebe, gegenseitige Hilfe und Wahrheit sind.

Dann versucht er, den Marxismus mit der Bruderliebe gleichzusetzen, indem er erklärt:

> Brüderliche Liebe im Sinne der Förderung von Toleranz und Respekt für die Überzeugungen und Ideale anderer und des Aufbaus einer Welt, in der Toleranz zusammen mit Freundlichkeit und Verständnis geachtet wird. Hilfsbereitschaft, nicht im Sinne von nur oder nur auf Geld beschränkt, sondern im weitesten Sinne des Wortes, der wohltätigen Spende von Geld (aber niemals ihres - JC) von Zeit und Mühe, um der Gemeinschaft als Ganzes zu helfen. Wahrheit im Sinne des Strebens nach hohen moralischen Standards und der Führung des eigenen Lebens - in all seinen Aspekten - auf eine möglichst ehrliche Art und Weise. Einfach ausgedrückt: Einem Freimaurer werden seine Pflichten gegenüber seinem Gott (welcher Gott nicht näher bezeichnet wird - JC) und den Gesetzen seines Landes gelehrt.

Eine derart absurde Erklärung dessen, was die Freimaurerei ist, ist leider das, was die Mehrheit der breiten Öffentlichkeit glaubt. Wenn man auf die bemerkenswertesten Ausnahmen von diesem angeblich edlen Männerbund hinweist, wie die Moral einiger seiner höchsten Mitglieder, seine wohltätigen Geldbeiträge, die nicht von der Freimaurerei, sondern aus öffentlichen Spenden stammen, seine Missachtung des Landesgesetzes, d. h. die Französische und die Bolschewistische Revolution, stößt man auf kategorische Dementis oder, wie im Fall von Roberto Calvi, auf die Tatsache, dass es sich um eine "bemerkenswerte Ausnahme" handelt, die möglicherweise einmal pro Jahrhundert vorkommt! Alle Sprecher der Freimaurer bestreiten, dass der Geheimbund eine Religion ist. Im Jahr 1985 veröffentlichte das Board of the General Purposes der Vereinigten Großloge ein Pamphlet mit dem Titel *Freemasonry and Religion.*

Neben anderen Dementis erklärt die Kommission Folgendes:

> Die Freimaurerei ist weder eine Religion noch ein Ersatz für eine Religion. Der Freimaurerei fehlen die grundlegenden Elemente einer Religion, aber sie ist der Religion keineswegs gleichgültig.
>
> Ohne sich in die Religionsausübung einzumischen, erwartet sie von jedem Mitglied, dass es seinem eigenen Glauben folgt und die Pflicht gegenüber seinem Gott, wie auch immer er heißen mag, über alle anderen Pflichten stellt. Die Freimaurerei ist also eine Stütze der Religion.

Eine Arbeitsgruppe der Großloge erklärte weiter:

> Die Freimaurerei weiß, dass ihre Rituale nicht mit der Ausübung einer Religion gleichzusetzen sind.

Es ist schwierig, sich eine kühnere und schamlosere Lüge vorzustellen. Die Freimaurerei ist nicht nur eine Religion, sondern auch und vor allem eine antichristliche Religion, die darauf abzielt, das Christentum zu zerstören.

❖   Wie kann die Freimaurerei ihren Anspruch, eine Nichtreligion zu sein, rechtfertigen, wenn ihre Rituale auf Altäre, Tempel und Seelsorger ausgerichtet sind und auf diesen basieren?

❖   Warum werden Gebete gesprochen, wie das Gebet, das in der freimaurerischen Literatur ausdrücklich als solches bezeichnet wird, im Emulationsritual des ersten Grades?

Lassen Sie uns dieses Gebet der "Nicht-Religion" untersuchen:

> Gewähre uns Deine Hilfe. Allmächtiger Vater und Oberster Statthalter des Universums, auf unseren gegenwärtigen Konvent und gewähre, dass dieser Kandidat für die Freimaurerei sein Leben Deinem Dienst widmen kann, damit er ein wahrer und treuer Bruder unter uns werden kann. Gewähre ihm die Kompetenz Deiner göttlichen Weisheit, damit er mit Hilfe der Geheimnisse (Hervorhebung im Original) unserer Freimaurerkunst besser in der Lage ist, die Schönheiten wahrer Güte zur Ehre und zum Ruhm Deines Heiligen Namens zu entfalten.

Wenn es keine Religion ist, dann ist nichts auf dieser Welt Religion! Die Frage, die beantwortet werden muss, lautet: "Welche Art von Religion ist die Freimaurerei? ".

Im Zweiten Grad gibt es ein echtes Gebet, das so formuliert ist:

> Wir bitten um die Fortsetzung Deiner Hilfe, barmherziger Herr, in unserem Namen und im Namen dessen, der vor Dir kniet. Möge das in Deinem Namen begonnene Werk zu Deiner Ehre fortgesetzt und durch den Gehorsam gegenüber Deinen Geboten immer besser in uns etabliert

werden.

Die Tatsache, dass der Gott, zu dem die Freimaurer beten, Satan ist, wird vor allen Freimaurern sorgfältig verborgen, außer vor denen, die den 33 Grad erreichen! Der Name Jesus wird immer sehr spezifisch ausgeschlossen. Wie Christus, unser Herr, in seinen Evangelien sagt:

> Wer nicht für mich ist, ist gegen mich.

Es gibt ein weiteres Gebet im dritten Grad, das den Segen Gottes und des Himmels auf das neue Mitglied herabruft:

> Allmächtiger und ewiger Gott, Architekt und Herrscher des Universums, durch dessen schöpferischen Willen alles geschaffen wurde.

Die Freimaurerei ist insofern sehr vorsichtig, als sie zwar einen liberalen Gebrauch von christlichen Gebeten macht, die leicht als solche erkannt werden, aber jeden christlichen Bezug strikt vermeidet. Durch diese eigenartige Handlung, den Namen Christi aus ihren "Gebeten" auszuschließen, leugnet die Freimaurerei die Existenz und die Autorität Jesu selbst. Wenn es sich, wie die Freimaurer behaupten, nicht um eine Religion handelt, umso besser; aber warum kopiert man christliche Gebete und streicht den Namen Christi absolut? Zeigt ein solches Verhalten nicht, dass die Freimaurerei gegen Christus ist?

Ich bin fest davon überzeugt, dass die Freimaurerei ein antichristliches Verhalten darstellt, und darüber hinaus ist dies die Antwort auf die Frage "Warum" die Freimaurerei überhaupt gegründet wurde! Zur Unterstützung meiner Behauptung, dass die Freimaurerei eine Anti-Christus-Religion ist, biete ich die Eröffnungszeremonie des Royal

Ark-Gebets an, die wie folgt abläuft:

> Allmächtiger Gott, dem alle Herzen offenstehen, alle Wünsche bekannt sind und dem kein Geheimnis verborgen ist, reinige die Gedanken unserer Herzen durch die Inspiration deines Heiligen Geistes, damit wir dich vollkommen lieben und verherrlichen können.

Jedes Mitglied der anglikanischen Kirche wird dieses vollständig christliche Gebet sofort erkennen. Die Bedeutung dieses besonderen "Freimaurer-Gebets" besteht darin, dass die sehr wichtigen Worte "durch Jesus Christus, unseren Herrn" weggelassen werden.

Christus hat gesagt, dass diejenigen, die ihn verleugnen, Anti-Christus sind. Indem die Freimaurer den Namen Christi aus diesem Gebet entfernen, demonstrieren sie ihre Verachtung für Christus. Sie sind daher zu den antichristlichen Kräften Satans zu zählen.

Die Abschlusszeremonie der Royal Ark macht auch Gebrauch von einem bekannten christlichen Gebet, nämlich "Ehre sei Gott in der Höhe auf Erden, Friede den Menschen guten Willens", lässt aber unerwähnt, dass diese Worte dem Evangelium unseres Herrn Jesus Christus entnommen sind. Nach meinem Verständnis und dem vieler ernsthafter Studenten der Freimaurerei heben die vorangegangenen Beispiele für religiöse Aktivitäten die Behauptung der Freimaurerei, sie sei keine Religion, auf und beweisen der Welt, dass sie eine ist.

Die Große Loge reagierte auf eine Herausforderung meinerseits mit den Worten:

> ... Da die Freimaurerei weder eine Religion noch ein

Ersatz für eine solche ist, gibt es keinen Grund, warum der Name Christi in ihren Ritualen erwähnt werden sollte.

Die Antwort auf dieses Dementi ist sicherlich eine weitere Frage: "Wenn es stimmt, was Sie sagen, nämlich dass die Freimaurerei keine Religion ist, warum haben Sie dann Gebete aus der christlichen Bibel übernommen, warum beziehen Sie sich ständig auf Tempel und Altäre, und warum leugnen Sie, während Sie Sätze aus der christlichen Bibel verwenden, die Existenz von Jesus Christus, indem Sie seinen Namen aus jedem Gebet, das Sie von ihm abgeschrieben haben, streichen? "Es besteht nie ein Zweifel daran, dass freimaurerische "Gebete" häufig auf christlichen Liturgien basieren. Warum leugnet die Freimaurerei dann, dass sie eine Religion ist, und warum streicht die Freimaurerei fleißig den Namen Christi aus ihren Gebeten, die sie von den Christen abgeschrieben hat?

Gebete sind ein fester Bestandteil der freimaurerischen Rituale. Wie kann die Freimaurerei also leugnen, dass sie eine Religion ist? Die Freimaurer behaupten, dass ihre Gebete kein Element der Anbetung enthalten. Dennoch wird der Zeremonienmeister als "Worshipful Master"[6] bezeichnet, und ich überlasse es Ihnen, zu entscheiden, ob die Gebete der Freimaurer, die ich Ihnen zitiert habe, keine kultischen Handlungen sind? Niemand, außer vielleicht Alice im Wunderland, kann glauben, dass sich freimaurerische Gebete von "Gottesdienst" unterscheiden. Was einen weiteren lebenswichtigen Punkt aufwirft?

Selbst wenn das Beharren der Freimaurer auf solchen Unterscheidungen zwischen "Gebet", "Gottesdienst" und "Nichtreligion" akzeptiert werden könnte, was

---

[6] Meister Verehrungswürdig, NDT.

offensichtlich nicht der Fall sein kann, ist das bewusste Weglassen des Namens Christi und der Evangelien Jesu Christi, aus denen ihre "Gebete" stammen, sowie das Weglassen des christlichen Grundglaubens, dass niemand anders zu Gott kommen kann als durch unseren Herrn Jesus Christus, ein Affront gegen die christliche Religion.

Sie leugnen die Göttlichkeit Christi. Daran besteht kein Zweifel. Wie können dann Menschen, die sich als Christen bezeichnen, auch Freimaurer sein? Christus hat gesagt, dass man "nicht zwei Herren dienen kann". Indem sie das freimaurerische Ritual akzeptieren, leugnen die Freimaurer in Wirklichkeit auch Seine Existenz. Daraus folgt, dass man nicht für Ihn sein kann, während man gleichzeitig gegen Ihn ist!

Es ist absolut unmöglich, dass die Freimaurerei leugnen kann, dass sie "weder eine Religion noch ein Ersatz für eine Religion" ist. Die Beweise für das Gegenteil sind erdrückend! Die Verteidiger der Freimaurerei können auch nicht den Beweis erbringen, dass sie den Namen Christi nicht ablehnen, wenn sie ihn ausschließen, denn es handelt sich nicht einfach um einen bewussten Ausschluss, sondern um eine bewusste Beleidigung durch Unterlassung. Freimaurerische Apologeten sagen uns, dass "unsere Gebete keine Kulthandlungen sind, sondern lediglich eine Bitte um Segen zu Beginn unserer Rituale und ein Dank am Ende für die erhaltenen Segnungen". Wie unterscheidet sich das von einem religiösen Gottesdienst?

Die offensichtliche Tatsache ist, dass dies nicht der Fall ist! In den freimaurerischen Ritualen wird immer wieder der Name Gottes angerufen, oft in unterscheidbaren Begriffen wie Großer Architekt des Universums (wie im Ersten Grad); Großer Geometer (Zweiter Grad); Der Höchste, der

Allmächtige und der Ewige Gott (Dritter Grad); Das Höchste Wesen. GAOL) (Großer Architekt des Universums). Wer sind diese Götter?

Verehrt die Freimaurerei ein Höchstes Wesen oder, wie sie manchmal sagt, nur den Glauben an ein Höchstes Wesen? Es gäbe keine freimaurerischen Rituale ohne die Einbeziehung eines göttlichen Namens. Die freimaurerische Broschüre, auf die ich mich oben bezogen habe, *Freemasonry of Religion, die* vom Masonic Board for General Purposes herausgegeben wurde, übergeht den freimaurerischen Gott, indem sie feststellt:

> Freimaurer versammeln sich in gemeinsamer Achtung vor dem höchsten Wesen, da es für ihre jeweiligen individuellen Religionen das höchste bleibt und es nicht Aufgabe der Freimaurerei ist, die Religionen zu vereinen.

Da die westliche Welt christlich ist, ob es einigen gefällt oder nicht, muss die Freimaurerei große Probleme mit einem neutralen überkonfessionellen Dienst haben. Als Christen können wir dem Wesen unserer Religion nicht entgehen, nämlich dass Christus als Sohn Gottes Vorrang hat. Die Freimaurerei behauptet, sie wolle andere Religionen nicht "beleidigen". Wie erreicht sie das, wenn sie den Namen Christi ausschließt? Schließt sie ihn aus, um die exklusivistische jüdische Freimaurerei der B'nai Brith (Söhne des Bundes) nicht zu beleidigen? Die Freimaurerei versucht seit Hunderten von Jahren, andere Religionen nicht zu "beleidigen", zögert aber nicht, die Christen zu beleidigen, indem sie den Namen Christi aus ihren rituellen Gebeten ausschließt.

Interkonfessionelle" Dienste können nur dort erfolgreich sein, wo das Christentum in den Hintergrund tritt. Daraus folgt, dass Christen keine Freimaurer sein können; entweder müssen sie die Entwertung des Christentums gutheißen oder aus der Freimaurerei austreten. Bevor die Freimaurer die erhabenen Höhen der höheren Grade erreichen, glauben viele, dass sie beim Beten den Gott ihrer Religion anbeten. Doch sobald sie den "geschlossenen Laden" der freimaurerischen Hierarchie erreicht haben, besteht kein Zweifel mehr daran, dass ihre Gebete ausdrücklich an Satan gerichtet sind.

Das Christentum hat keine Geheimnisse! Jeder, der lesen kann, kann das freudige Evangelium der guten Nachricht vom Kommen des Messias lesen. Warum halten die Freimaurer die Geheimhaltung für eine solche Notwendigkeit? Das freimaurerische Glaubensbekenntnis und die dazugehörigen Rituale sind voll von "geheimen Passwörtern".

Warum sollte dies der Fall sein, es sei denn, es handelt sich um eine Täuschung? Wir hören so oft "zusammengesetzte Wörter", "ich bin und ich werde sein".

Die Freimaurerei sagt, dass sie nicht verpflichtet ist, das Christentum zu unterstützen. Warum leiht sich die Freimaurerei dann so viele Kennzeichen des Christentums, wenn sie es nicht unterstützt? Die Zeremonien der Heiligen Lade verwenden, vielleicht mehr als jede andere Zeremonie, "heilige Worte". Das Herzstück der Zeremonien der Heiligen Lade ist das Podest - der Altar -, auf dessen Spitze die "heiligen Worte" erscheinen. Es ist klar, dass die Freimaurerei trotz ihrer gegenteiligen Beteuerungen eine Religion ist, wenn die Deklamation der heiligen Worte stattfindet. Hier ist es unbestreitbar, dass die Freimaurerei eine Religion im Gegensatz zum Christentum ist.

Betrachten wir das Ritual der Königlichen Lade, das den Höhepunkt der sogenannten "handwerklichen Maurerei" darstellt.

> Er ist eng mit allem verwoben, was uns in einem zukünftigen Zustand der Existenz am nächsten steht und am liebsten ist; göttliche und menschliche Angelegenheiten sind in all seinen Disquisitions so schrecklich und gründlich miteinander verflochten. Ihr Ziel ist die Tugend, ihr Gegenstand die Herrlichkeit Gottes, und das ewige Wohlergehen des Menschen wird in jedem Teil, jedem Punkt und jedem Buchstaben ihrer unaussprechlichen Geheimnisse bedacht. Es genügt zu sagen, dass sie auf dem Heiligen Namen, J----h, beruht, der vom Beginn der Geschichte der Menschheit an war, jetzt und in alle Ewigkeit einer und derselbe ist und bleiben wird, das Wesen, das notwendigerweise in und durch sich selbst in all seiner wirksamen, in seinem Wesen ursprünglichen Vollkommenheit existiert.

Diese höchste Stufe inspiriert ihre Mitglieder zu den höchsten Vorstellungen von Gott, führt sie zur reinsten und frömmsten Frömmigkeit, zur Verehrung des unbegreiflichen J----h, dem ewigen Herrscher des Universums, der elementaren und ursprünglichen Quelle aller seiner Prinzipien, dem eigentlichen Ursprung und der Quelle aller seiner Tugenden.

Das "geheimnisvolle" Wort "J----h" ist Jabulon, ein "heiliger" Name. Es ist ein zusammengesetztes Wort, das mit Jehova austauschbar ist.

Es besteht kein Zweifel daran, dass die Freimaurerei eine Religion ist, deren Hauptfunktion darin besteht, eine geheime Gegenmacht zur christlichen Religion zu bilden, eine revolutionäre Ordnung, die in der Lage ist, die politischen Ereignisse zu kontrollieren.

KAPITEL 21

DIE FREIMAUREREI UND DIE MITGLIEDER DES BRITISCHEN KÖNIGSHAUSES

In Ergänzung zu dem oben Gesagten entdecken wir, dass die Freimaurerei sogenannte christliche Grade besitzt, wie das Rote Kreuz Konstantins, das Rosenkreuz, das in den Legenden der Freimaurerei eine große Rolle spielt.

Um den Grad des Rosenkreuzes (dem die britische Königsfamilie angehört) zu erlangen, muss man Mitglied in allen siebzehn Graden des Angenommenen Alten Ritus der Freimaurerei gewesen sein. Es wird davon ausgegangen, dass der Herzog von Connaught und der Herzog von Kent Mitglieder beider Orden sind. Der Herzog von Connaught war zwanzig Jahre lang Meister der Großloge von England. Andere Mitglieder der königlichen Familie dieser Loge waren unter anderem Edward VII.

Laut einem Brief, den der Großsekretär am 5. August 1920 schrieb, gehörten sowohl George Ier als auch George III, der zur Zeit der Amerikanischen Revolution König war, der Großloge von England an. Laut dem oben erwähnten Brief:

> ... Jeder, der in die Freimaurerei eintritt, wird von Anfang an aufgefordert, keine Handlung zu billigen, die die Tendenz haben könnte, den Frieden und die gute Ordnung der Gesellschaft umzustürzen.

Das erstaunt, wenn man bedenkt, dass der Earl of Shelburne, ein Mitglied der Großloge, Danton und Marat ausbildete, bevor er sie in Frankreich aussetzte, um dort das Chaos der Französischen Revolution zu verbreiten. Die Mitgliedschaft in der Großloge rettete König Eduard VII. nicht, als seine Freimaurergefährten beschlossen, ihn lieber loszuwerden, als das Risiko einzugehen, 1939 nicht mit Deutschland in den Krieg zu ziehen. Auch hier stellen wir die starke Anspielung auf die Religion fest. "Jede englische Loge wird bei ihrer Weihe Gott und seinem Dienst gewidmet; niemand kann Freimaurer werden, bevor er nicht seinen Glauben an das höchste Wesen erklärt hat", schrieb der Generalsekretär 1905. Die Freimaurerei geht 1938 erneut in die Offensive, weil ihre Aktivitäten zunehmend Anlass zur Sorge geben. Auch hier ist der Glaube an das höchste Wesen von größter Bedeutung.

Der Generalsekretär stellte in seiner Erklärung von 1938 klar:

> Die Bibel wird in den Logen immer aufgeschlagen. Sie wird der Band des heiligen Gesetzes genannt. Jeder Kandidat ist verpflichtet, seinen Beitritt auf dieses Buch zu schmieden oder auf den Band, der nach seinem besonderen Glauben einem auf dieses Buch geleisteten Eid oder Versprechen Heiligkeit verleiht.

Dies impliziert, dass die Bibel wahrscheinlich nicht der einzige "heilige Band" ist, der ausgestellt wird. Die Bibel hat einen rein dekorativen Zweck und ist für die Mitglieder der unteren Grade (vom ersten bis zum vierten Grad) da. Wie alle ernsthaften Studenten der Freimaurerei wissen, kamen Geheimgesellschaften im 17 Jahrhundert in Mode, so wie es in den späten 1920er und frühen 1930er Jahren schick war, Sozialist zu sein. Bis April 1747 marschierten die Freimaurer noch durch die Straßen der Stadt, doch dann gingen sie auf Befehl des Großmeisters in den Untergrund. Ab 1698 kursierte ein Pamphlet mit dem Titel "To All Godly People in City of London" (An alle frommen Leute in der Stadt London), in dem die Leser aufgefordert wurden,:

> ... dass ihr darauf achtet, dass ihre geheimen Zeremonien und Schwüre euch nicht ergreifen, und dass euch niemand von der Frömmigkeit abbringt; denn diese teuflische Sekte versammelt sich im Geheimen. Denn die Menschen müssen sich an geheimen Orten und mit geheimen Zeichen versammeln und darauf achten, dass niemand sie beobachtet, um das Werk Gottes zu vollbringen.

Auf welche "Geheimnisse" bezog sich die Broschüre? Damals waren es dieselben wie heute: Zeichen, Handschläge und Wörter, die zum Nachweis der Zugehörigkeit verwendet wurden. Diese geheimen Zeichen sollen von den mittelalterlichen Maurern stammen, die geschworen hatten, ihr Wissen niemals an "Fremde" weiterzugeben, und die durch bestimmte Handschläge usw. als Handwerkskollegen anerkannt wurden. Daran hat sich nichts geändert. Obwohl es unwahrscheinlich ist, dass Steinmetze heute der Freimaurerei angehören, sind ihre Handschläge immer noch das erste Zeichen der Anerkennung. Aber die Freimaurerei von heute ist mehr als das; sie ist ein sehr unheimlicher Geheimbund, in dem sich die Mitglieder mit tödlichen Eiden der gruseligsten Art zur Geheimhaltung verpflichten.

Es ist klar, dass keine christliche Gesellschaft einen Schweigekodex auferlegen würde, indem sie ihren Mitgliedern bei einem Verstoß gegen den Kodex mit einem schrecklichen Tod droht. Die Freimaurerei kann die

Mitglieder der niederen Grade täuschen, indem sie sie glauben lässt, dass sie auf dem Christentum basiert, aber 1723 erklärte Dr. James Anderson, ein presbyterianischer Freimaurer-Minister,:

> Es wurde daher als zweckmäßiger erachtet, sie (die Mitglieder der Bruderschaft) zu zwingen, sich dieser Religion anzuschließen, die von allen Menschen gebilligt wird, und ihre besonderen Ansichten sich selbst zu überlassen.

Im Jahr 1813 formuliert die Großloge ihre Position wie folgt:

> Unabhängig davon, welcher Religion ein Mensch angehört oder wie er sich verehrt, wird er nicht von der Ordnung ausgeschlossen, solange er an den glorreichen Architekten des Himmels und der Erde glaubt und die heilige Pflicht der Sittlichkeit praktiziert.

So wurde eine globale Sicht der Religionen etabliert, die mit dem Christentum völlig auf Kriegsfuß steht.

Dieses Konzept ist antichristlich, weil es davon ausgeht, dass alle Religionen in einem umfassenden Konzept des Großen Architekten zusammengefasst werden können. Christus hat dieses Konzept ausdrücklich verurteilt.

Daraus lässt sich schließen, dass die Freimaurerei nicht mit dem Christentum vereinbar ist und dass es sich um eine Religion handelt, die nicht mit dem Christentum übereinstimmt.

1816 wurde alles, was an christlicher Religion in der Freimaurerei existieren konnte, beseitigt, um das Konzept eines universellen Gottes zu fördern, das es Menschen aller Religionen erlaubte, an den Ritualen der Logen teilzunehmen. Dr. James Anderson, der bereits erwähnte presbyterianische Geistliche, führte die "Umstrukturierung" der Freimaurerrituale in England durch:

> Der Glaube an G (reat) A (rchitect) O (f) T (he) U (niverse) und seinen offenbarten Willen, wird eine wesentliche Qualifikation für den Beitritt sein.

Die Freimaurerei behauptet, dass sie niemals Männer einlädt oder auffordert, sich ihr anzuschließen. In der Broschüre *Information for the Guidance of Members,* die jeder neue Freimaurer erhält, heißt es (Seite 22):

> Das Thema der unangemessenen Ansprache von Kandidaten wurde wiederholt angesprochen, und der Rat ist der Ansicht, dass eine Erklärung zu diesem Thema hilfreich wäre. Es gibt keine Einwände (Hervorhebung hinzugefügt), wenn eine neutral formulierte Annäherung an einen Mann erfolgt, der als geeigneter Kandidat für die Freimaurerei gilt. Es gibt keine Einwände dagegen, dass man ihn einmal daran erinnert, wenn die Annäherung erfolgt ist (Hervorhebung hinzugefügt).

So werben die Freimaurer nicht nur um neue Mitglieder, sondern werden, sobald sie angesprochen wurden, auch wieder "zurückgerufen". In der Broschüre heißt es weiter:

> Dem potenziellen Bewerber sollte dann die Freiheit gelassen werden, ohne weitere Aufforderung seine eigene Entscheidung zu treffen.

Dieser Ratschlag zur Werbung neuer Mitglieder wurde ursprünglich vom Rat für allgemeine Ziele am 9. Dezember

1981 verabschiedet. Wenn also ein Kandidat für seine Einweihung signalisiert, dass er aus freien Stücken beigetreten ist, stimmt das nicht immer. Nach der Initiation ist es für einen fleißigen Freimaurer möglich, vom Lehrling bis zum dritten Grad des "Meisters der Freimaurerei" aufzusteigen.

Diese Männer werden als mögliche Kandidaten für die höheren Geheimnisse, in denen die wahre Wahrheit über die Freimaurerei liegt, sorgfältig überwacht. Die große Mehrheit der Freimaurer wird jedoch nie über den dritten oder vierten Grad hinaus "erhoben". Die ersten drei Grade machen sicherlich den größten Teil der Mitglieder der Freimaurerei aus. Die sogenannten höheren Grade sind auch als "Zusatzgrade" bekannt, vom Geheimen Meister bis zum Großen Generalinspektor, und in England werden sie von ihrem eigenen Obersten Rat kontrolliert, der in der Duke Street, St. James London, residiert (dies ist eines der vielen "Grace and Favor"-Häuser, die der Königin von England gehören).

Die Initiation in diese Grade steht Freimaurermeistern offen, die vom Obersten Rat ausgewählt werden. Diese Meisterfreimaurer werden in der Regel sehr früh vom Geheimen Meister "entdeckt", der zu diesem Zweck "inkognito" an verschiedenen Logensitzungen teilnimmt. Nur eine unbedeutende Anzahl von Freimaurern, die den Schritt über den dritten Grad hinaus wagen, schaffen es bis zum 18 Zwischengrad, Ritter des Pelikans und des Adlers und Souveräner Rosenkreuz-Fürst der Erbfolge. Je weiter diese wenigen Personen kommen, desto höher ist die Zahl der Aussteiger.

Der 31 Grad (Großinspektor Inquisitor Kommandeur) ist auf 400 Mitglieder beschränkt. Auf dieser Stufe wird der wahre Charakter der Freimaurerei zu zwei Dritteln offengelegt. Der 32 Grad (Sublime Prince of the Royal Secret) hat nur 180 Mitglieder und der 33 Grad (Grand Inspector General), der präemptive Grad, ist auf 75 Mitglieder beschränkt. Diese Zahlen gelten natürlich nur für Großbritannien. Wenn ein Freimaurer den 33 Grad erreicht hat, ist er bereit, jede Pflicht zu erfüllen, die man ihm befehlen könnte.

Kriege und Revolutionen sind nur ein Teil des Spiels. Der "Krieg gegen Gott" und der "Krieg gegen das Christentum" sind zwei der beliebtesten Rufe der Freimaurer des 33 Grades, wenn sie sich heimlich treffen. Die 4 zu den 14 Graden werden einmalig und nur dem Namen nach bei einem besonderen, zu diesem Zweck abgehaltenen Ritual verliehen.

Der 18 Grad, der 19 und der 29 werden während der Einweihungsstätte des 30 Grades gegeben. Dies geschieht, um die ausgewählten Kandidaten zu zwingen, weiter "voranzuschreiten". Der 30. Grad ist der des Großen Auserwählten Ritters Kadosch oder Ritters des Schwarz-Weißen Adlers.

Die drei Grade ab dem 31 Grad werden einzeln verliehen. Die Freimaurerei muss sicherstellen, dass ein Kandidat bereit ist, auf eine Leiter zu steigen, die ihm bis dahin unbekannt war!

KAPITEL 22

DAS HARMLOSE FREIMAUREREI

Jeder Freimaurer darf ohne die einstimmige Zustimmung des Obersten Rates den 18. Grad nicht überschreiten. Der erste, zweite und dritte Grad können als "harmlose Freimaurerei" bezeichnet werden, da sowohl körperliche als auch geistige Exzesse, Verschwörungen gegen Regierungen, Hass auf Christus und das Christentum den Freimaurern unterhalb des 25 Grades niemals offenbart werden. Es ist nicht verwunderlich, dass die Freimaurer des dritten Grades und die Öffentlichkeit im Allgemeinen dieses höchst geheime Organ unserer Gesellschaft als eine einfache philanthropische Gesellschaft betrachten, die sich dem Wohl der gesamten Menschheit widmet.

Der Großteil der Mitglieder der Freimaurerei macht sich nicht allzu viel Mühe, herauszufinden, was in den sogenannten "höheren Graden" des Alten und Angenommenen Ritus vor sich geht. Wenn und wann sie es tun oder dazu in der Lage sind, könnten sie - vor allem Christen - vor Entsetzen zurückschrecken und ihre Mitgliedschaft in der Freimaurerei aufgeben. Zwei Beispiele von Männern, die die Wahrheit über die Freimaurerei herausfanden und sie verließen, sowie ihre ängstlichen Reaktionen auf das, worin sie verwickelt waren, finden sich in Briefen, die sie an ihre jeweiligen Kirchen schrieben, nachdem sie aus der Freimaurerei ins Exil gegangen waren. Natürlich darf ihre Identität aus

Angst vor Vergeltungsmaßnahmen nicht bekannt gegeben werden:

> Lange Zeit habe ich als Christ die Freimaurerei immer vehement verteidigt, weil ich glaubte, ihre Philosophien und Gebote - die angeblich auf der Lehre von Moral und Nächstenliebe beruhen - mit dem Christentum vereinbaren zu können. Aber nachdem ich in die sehr hohen Grade aufgestiegen war, sah ich, wie blind ich gewesen war und wie effektiv der Feind seine Waffen der Subtilität und Rationalität im Prozess der Verblendung einsetzt. Erst in den höheren Graden entdeckte ich die wahren Übel und Schrecken der Freimaurerei.

> Der Geist Gottes öffnete meine geistigen Augen und ließ mich erkennen, was ich tat. Ich war ein Sklave des Bösen und hatte es nicht bemerkt. Es war das Schwierigste überhaupt, im Schlaf und während der Gebetszeiten nicht "von obszönen sexuellen Bildern zutiefst beunruhigt" zu sein. Sein Unterbewusstsein war tief durchdrungen von Gefühlen des Blutdurstes und des Mordes an meiner Familie und meinen Angehörigen.

Der Mann war eine stabile, reife und ausgeglichene Person ohne eine Vorgeschichte von psychischen Störungen oder sexuellen Aberrationen jeglicher Art (gestützt durch ein medizinisches Sachverständigengutachten). Da er sich bedroht fühlte, begab er sich in eine Therapie, in deren Verlauf sich herausstellte, dass die sexuellen Bilder, das Blut und die Messer eng mit den Symbolen der Freimaurerei verbunden waren, wobei das Blut und das Messer, mit dem er versucht war, Familienmitglieder zu töten, mit den Schwüren der Freimaurerei in Verbindung standen. Nach intensiver Behandlung und Handauflegen durch qualifizierte Priester der anglikanischen Kirche und Ermahnungen im Namen Jesu verschwanden die störenden Bilder, sobald er die Freimaurerei verließ, und diese Bilder und Gefühle sind nie wieder aufgetaucht.

Die Eide der Freimaurerei werden vor "Fremden" sehr sorgfältig verborgen. In den letzten Jahren hat die Freimaurerei noch mehr Vorsichtsmaßnahmen ergriffen, um ihre tödlichen Strafen für die Verletzung der Eide gut verborgen zu halten. Im ersten Grad gelten die folgenden Regeln: Verpflichtung. Ausgelassene körperliche Sanktion. Mit anderen Worten: Heutzutage gibt es keine schriftlichen Sanktionen für körperliche Strafen. Sie werden nun ab dem (18 Grad) den Höheren Graden zur Vollstreckung anvertraut. Aber ich habe zumindest einen Teil der schriftlichen Drohung für die "körperliche Bestrafung" entdeckt, die wie folgt beschrieben wird:

> Mein Bruder, durch Ihr sanftes und kandiides Verhalten heute Abend sind Sie symbolisch zwei großen Gefahren entkommen, aber es gab noch eine dritte, die traditionell bis zum letzten Abschnitt Ihrer Existenz auf Sie gewartet hätte. Die Gefahren, denen Sie entkommen sind, sind die des S und des S. Es gab auch dieses ct mit einem um Ihr N laufenden N, das jeden Versuch, sich zurückzuziehen, tödlich gemacht hätte.

Es besteht kaum ein Zweifel daran, dass die Worte "mit einem laufenden N" Strick um den Hals bedeuten, d. h. Tod durch Erhängen, wie Roberto Calvi zu spät herausgefunden hat. Die Strafen werden immer so beschrieben. In einem anderen Druckwerk fand ich Folgendes:

> Auf die symbolische Strafe, die eine Zeit lang in der (heute gut versteckten) Verpflichtung in diesem Grad enthalten war, wenn er die ihm anvertrauten Geheimnisse missbräuchlich weitergegeben hatte, was bedeutete, dass ein FCFM als Ehrenmann lieber Iblo, thtt und gttrbs von ta oder d bts oder tap gehabt hätte.

(Niemand außer dem Empfänger des 33 Freimaurergrades kennt die Bedeutung dieser Symbole). Die in diesen Briefen beschriebenen Strafen kann man sich nur vorstellen. Eine der erschreckendsten Strafen, die mir für das Brechen der freimaurerischen Eide begegnete, war folgende:

> Ich schwöre feierlich, dass ich alle diese Punkte ohne Widerruf, Zweideutigkeit oder geistige Vorbehalte jeglicher Art einhalten werde, bei einer nicht minder schweren Strafe für den Fall, dass Sie gegen einen dieser Punkte verstoßen, dass Sie in zwei Hälften geteilt werden und Ihre Eingeweide zu Asche verbrannt werden, und dass diese Asche über die Oberfläche der Erde verstreut und von den vier Kardinalwinden des Himmels weggetragen werde, damit keine Spur oder Erinnerung an ein solch elendes, niederes Wesen mehr unter den Menschen, insbesondere unter den Freimaurermeistern, gefunden werden kann.

Wenn ein ehrwürdiger Meister erhoben und eingesetzt wird, erhält er eine Warnung vor der Strafe, die mit Sicherheit folgen wird, wenn er seine Eide und Gelübde bricht:

> Sich die rechte Hand abhacken lassen und sie auf die linke Schulter legen, damit sie verwelkt und verwest.

Bei der Erhebungszeremonie in der Königlichen Lade der Freimaurerei wird der Eingeweihte deutlich darauf hingewiesen, dass die Strafe, die mit der Verpflichtung verbunden ist, "die Strafe ist, den Verlust des Lebens zu erleiden, indem ihm der Kopf abgerissen wird". Heutzutage kommen solch direkte Erklärungen nicht mehr vor. Stattdessen sind die Strafen an Symbole und Buchstaben gebunden. Dies ist erst seit 1979 der Fall, als der Großmeister erklärte, dass es nicht mehr "angemessen" sei, die Strafen in ihrer jetzigen Form auszudrücken. Wichtig ist, dass sich die Strafen nicht geändert haben! Was sich geändert hat, ist, dass sie nun vor Ausländern verborgen werden!

Tausende von Büchern - pro und contra - wurden geschrieben, um zu versuchen, diese Frage zu beantworten. Als ernsthafter Student der Freimaurerei mit dreißig Jahren gründlicher Forschung auf dem Buckel lautet meine Antwort, dass die Freimaurerei mit den folgenden Begriffen beschrieben werden kann:

❖ Es handelt sich höchstwahrscheinlich um einen geschlossenen Geheimbund, der aus unbekannten Gründen in einer freien und offenen Gesellschaft wie einer westlichen christlichen Demokratie operieren darf.

❖ Die Freimaurerei ist ganz klar eine Religion, die auf antiken Kulten und dem Satanskult basiert. Sie ist antichristlich und antichristlich und hat sich seit langem der Ausrottung des christlichen Glaubens verschrieben, auch wenn dieses Ziel vor der Mehrheit ihrer Mitglieder, insbesondere vor denen der ersten drei Grade, sorgfältig verborgen wird.

❖ Sie ist ihrem Charakter und ihren Zielen nach revolutionär. Es ist allgemein bekannt, dass die Freimaurerei zumindest für die Planungsphasen der Französischen Revolution verantwortlich war.

❖ Die Freimaurerei steht für den Umsturz der bestehenden Ordnung der Dinge und aller Religionen außer einer.

❖ Die Freimaurerei verlangt absoluten Gehorsam gegenüber ihren Eiden.

❖ Die Strafen für die Nichteinhaltung des Verschwiegenheitseids oder den "Verrat" von Freimaurergeheimnissen sind streng und können in extremen Fällen bis zum Tod durch Erhängen führen. Andere, weniger schwere körperliche Strafen werden häufig gegen diejenigen verhängt, die den Eid brechen.

❖ Die Freimaurerei gibt zwar vor, die Gesetze des Landes, in dem sie tätig ist, zu befolgen, arbeitet aber im Stillen daran, die Gesetze zu ändern, die sie für unerwünscht hält.

❖ Freimaurer finden sich auf den höchsten Machtsitzen in den Regierungen aller Länder sowie im privaten Sektor, in der Wirtschaft und im Handel. Als solche ist die Freimaurerei eine unkontrollierte Kraft, die eine immense Macht ausübt, die den Lauf der Geschichte verändern kann und dies auch bereits getan hat.

❖ Die Freimaurerei ist nur bis zum dritten Grad eine moralische, ethische und philanthropische Gesellschaft. Die große Mehrheit der Freimaurer geht nie über den dritten Grad hinaus und kennt daher nicht die wahre Natur, die Ziele und den Zweck der Freimaurerei.

❖ Die Freimaurerei ist eine Regierung, die innerhalb einer offiziell gewählten Regierung zum Nachteil dieser Regierung operiert.

❖ Der karitative Aspekt der Freimaurerei ist eine Maske und hat keine Glaubwürdigkeit, die an Täuschung grenzt. Es handelt sich um eine Maske und eine Tarnung für die wahren Ziele der Freimaurerei.

❖ Die Freimaurerei hat der Sache des Christentums immensen Schaden zugefügt und ist für den Verlust von Millionen von Menschenleben in Kriegen und Revolutionen verantwortlich, seit die Französische Revolution in Frankreich ausgebrochen ist.

❖ Der letzte Test ist, ob sie mit dem Christentum vereinbar ist?

❖ Können Christen auch Freimaurer sein?

Auf beide Fragen lautet die Antwort ein klares Nein! Ich

habe Behauptungen erhalten, dass Washington DC über zahlreiche gemauerte Strukturen verfügt, die als öffentliche oder Regierungsgebäude errichtet wurden, und dass sein Grundriss die Form eines Pentagramms hat. Es ist schwierig, einige dieser Behauptungen zu beweisen oder zu widerlegen, aber ein Gebäude, das der freimaurerischen Behauptung zu entsprechen scheint, ist das Pentagon. Das Pentagon ist ein okkultes Symbol. Das Gebäude wurde von John Whiteside Parsons, einem bekennenden Satanisten, entworfen. Der Architekt war George Bergstrom, aber es ist nicht bekannt, ob er irgendeine Verbindung zur Freimaurerei hatte.

Die wahren Geheimnisse der Freimaurerei werden der Menschheit vielleicht nie offenbart werden, und daher ist es für einen Autor sehr schwierig, sich der Kritik zu entziehen, wenn er ein so komplexes Thema wie die Freimaurerei untersucht. Das bedeutet jedoch nicht, dass man es nicht versuchen sollte.

Wenn einige meiner Behauptungen falsch sind, entschuldige ich mich dafür, da sie nicht in blinder Schädigungsabsicht geschrieben wurden, und ich hoffe, dass Freimaurer, die qualifizierter sind als ich, auf sie hinweisen, damit sie korrigiert werden können.

Bereits erschienen

www.ingramcontent.com/pod-product-compliance
Lightning Source LLC
Chambersburg PA
CBHW071125280326
41935CB00010B/1117